Svenska
Lehrbuch der schwedischen Sprache

Gunilla Rising Hintz

Svenska

Lehrbuch der schwedischen Sprache

gottfried egert verlag
2007

Svenska. Lehrbuch der schwedischen Sprache

von
Fil. mag. Gunilla Rising Hintz, Philipps-Universität Marburg

Bibliografische Information Der Deutschen Bibliothek
Die Deutsche Bibliothek verzeichnet diese Publikation in der Deutschen Nationalbibliografie; detaillierte bibliografische Daten sind im Internet über <http://dnb.ddb.de> abrufbar.

ISBN 978-3-936496-14-7

www.egertverlag.de
Gedruckt auf Recyclingpapier aus 100% Altpapier

Herstellung: WM-Druck GmbH, Wiesloch
Printed in Germany

VORWORT

Das Lehrwerk *Svenska* ist sowohl für einen lehrergeleiteten Unterricht an Universitäten und Volkshochschulen als auch für das Selbststudium geeignet. Ziel des Lehrwerks ist es, eine solide Grundlage für das selbständige Arbeiten mit der schwedischen Sprache zu schaffen.

Ein *Schlüssel zu den Übungen* und eine Begleit-CD mit eingelesenen Texten unterstützen das Erlernen der Sprache. Das Lehrwerk beinhaltet Texte mit Vokabellisten, Ausspracheregeln mit Übungen, Grammatik, Übungen zur Grammatik, Sprechübungen, freie Schreibübungen, Übersetzungsübungen, eine übersichtliche Einführung in die schwedische Aussprache und ein alphabetisches Vokabelverzeichnis. Hinzu kommen Aufstellungen der starken und unregelmäßigen Verben und der Formen des Partizip Perfekt.

Die Lektionstexte bestehen in der ersten Hälfte des Lehrwerkes zum größten Teil aus Dialogen, die in den darauf folgenden Übungen variiert werden, um die praktische Sprachkompetenz auszubauen.

Die Konzeption des Lehrwerks ermöglicht eine rasche Einführung in Aussprache, Wortschatz, Grammatik und Idiomatik des Schwedischen. Durch praktische, mündliche Übungen soll die Sprechkompetenz ausgebaut werden. In den Übersetzungsübungen wird die Fähigkeit geübt, aus dem Deutschen ins Schwedische zu übersetzen.

Die *zwanzig Lektionstexte* behandeln, soweit das Lernniveau es zulässt, Themen wie die schwedische Natur und Geographie, - ein Text befasst sich mit der Hauptstadt -, sowie verschiedene Aspekte des modernen Schweden, wie z.B. Ess- und Lebensgewohnheiten, Sport und Kinderliteratur. Der Einstieg wird dadurch erleichtert, dass im ersten Lektionstext allgemein bekannte Erscheinungen wie Zahlwörter, Monate und Uhrzeit thematisiert werden. Der abschließende Text gibt Auskunft über wichtige Entwicklungen der jüngeren Geschichte

Schwedens und soll einen Einstieg in eine fachsprachliche Sprachform geben, wie sie sich zum Beispiel in den Medien findet.

Die Auswahl des *Wortschatzes* und der *Idiomatik* ist dem modernen, gesprochenen Schwedisch angepasst, ohne dass dabei auf schriftsprachliche Formen verzichtet wird. Insgesamt bietet das Lehrbuch circa 1.400 Wörter an.

Besondere Aufmerksamkeit wird der schwedischen *Aussprache* gewidmet, die durch den musikalischen Akzent gekennzeichnet ist. Der Akzent wird in den Vokabellisten angegeben und die Akzentverteilung durch übersichtliche Regeln erläutert. Die auf der CD dargebotenen zwanzig Lektionstexte und Ausspracheübungen werden von Personen verschiedenen Alters und aus verschiedenen Gegenden Schwedens in regionaler Standardsprache gelesen.

Die Präsentation der *Grammatik* unterliegt einer Progression, die es erlaubt, einen Baustein zum anderen zu fügen. In jeder Lektion werden Hinweise auf die entsprechenden Paragraphen der *Praktischen Grammatik der schwedischen Sprache* von Birgitta Ramge gegeben. Auflistungen der Formen der starken und unregelmäßigen Verben, der verschiedenen Partizip Perfekt-Formen sowie ein Wortstellungsschema erleichtern die Übersicht.

Die *Übungen* sind dem zu übenden Gegenstand angepasst, d.h. sie kommen in variierenden Formen vor und sind, nachdem sie mehrfach im Unterricht erprobt wurden, so eindeutig zu lösen, dass eine selbständige Arbeit möglich ist. In dem Schlüssel zu den Übungen, der separat erhältlich ist, wird jede einzelne Lösung aufgeführt.

Inhaltlich entspricht das Lehrwerk der Kompetenzstufe A2/B1 des Gemeinsamen Europäischen Referenzrahmens und dem Niveau A2 der Sprachprüfung Swedex.

Das Lehrwerk wurde seit dem Sommersemester 2004 an der Philipps-Universität Marburg in der Abteilung Skandinavistik entwickelt und im Unterricht kontinuierlich erprobt.

Allen, die am Zustandekommen dieses Lehrwerks mitgewirkt haben, danke ich recht herzlich: den Studierenden, die Hinweise aus der Sicht der Lernenden beigesteuert haben, Herrn PD Dr. H.-D. Kreuder für seine kritische Durchsicht des Manuskripts aus der Sicht eines Sprachwissenschaftlers und Frau Kerstin Bodin Jönsson, Studienrätin, Trelleborg, für ihre Prüfung des schwedischen Textmaterials.

Dem Verleger, Herrn Gottfried Egert, danke ich für die Möglichkeit, das Lehrwerk in seinem Verlag veröffentlichen zu können. Zusammen mit der dort bereits erschienenen Grammatik ist damit ein aktuelles und ganzheitliches Lehrbuchprogramm für das Erlernen der schwedischen Sprache entstanden. Nicht zuletzt danke ich Herrn Prof. Dr. Otto Winkelmann für gute Hinweise und für die Unterstützung während der Endredaktion.

Für die Erstellung der Druckvorlage gebührt Herrn Gordian Schweitzer M.A. ein ganz besonderer Dank. Er hat über vier Jahre in verantwortungsvoller Arbeit die Entstehung des Lehrwerks begleitet und dabei viele Anregungen gegeben und so maßgeblich zum Gelingen des Projekts beigetragen. Für eventuelle Fehler bin ich natürlich selbst verantwortlich.

Marburg an der Lahn, im Februar 2007
Gunilla Rising Hintz

INHALTSVERZEICHNIS

LEKTION 1 ETT, TVÅ, TRE ...

A. Från ett till trettio

Ett, två, tre – Danmark, Norge och Sverige är tre länder
fyra,
fem – tre länder plus Finland och Island är fem länder i Norden
sex, sju – sju dagar är en vecka
åtta , nio, tio, elva
tolv – tolv timmar är en dag

tretton, fjorton – fjorton dagar är två veckor
femton, sexton, sjutton, arton, nitton,
tjugo, tjugoett – tjugoen dagar är tre veckor
tjugotvå, tjugotre,
tjugofyra – tjugofyra timmar är ett dygn
tjugofem, tjugosex,
tjugosju, tjugoåtta, tjugonio – alfabetet har tjugonio bokstäver
trettio dagar har april, juni, september och november

B. Klockan

Vad är klockan?

Klockan är ett.	(13.00)
Klockan är halv två.	(13.30)
Den är kvart **över** tre.	(15.15)
Den är kvart **i** fyra.	(15.45)
Klockan är tjugo minuter över fem.	(17.20)
Den är tjugo i sex.	(17.40)
Klockan är en minut över tolv.	(12.01)
Klockan är tolv noll ett.	
Den är fem över halv två.	(13.35)

När ses vi?
Vi ses kl. 12.15! (18.20; 19.05; 20.00; 21.30; 22.15; 23.25)

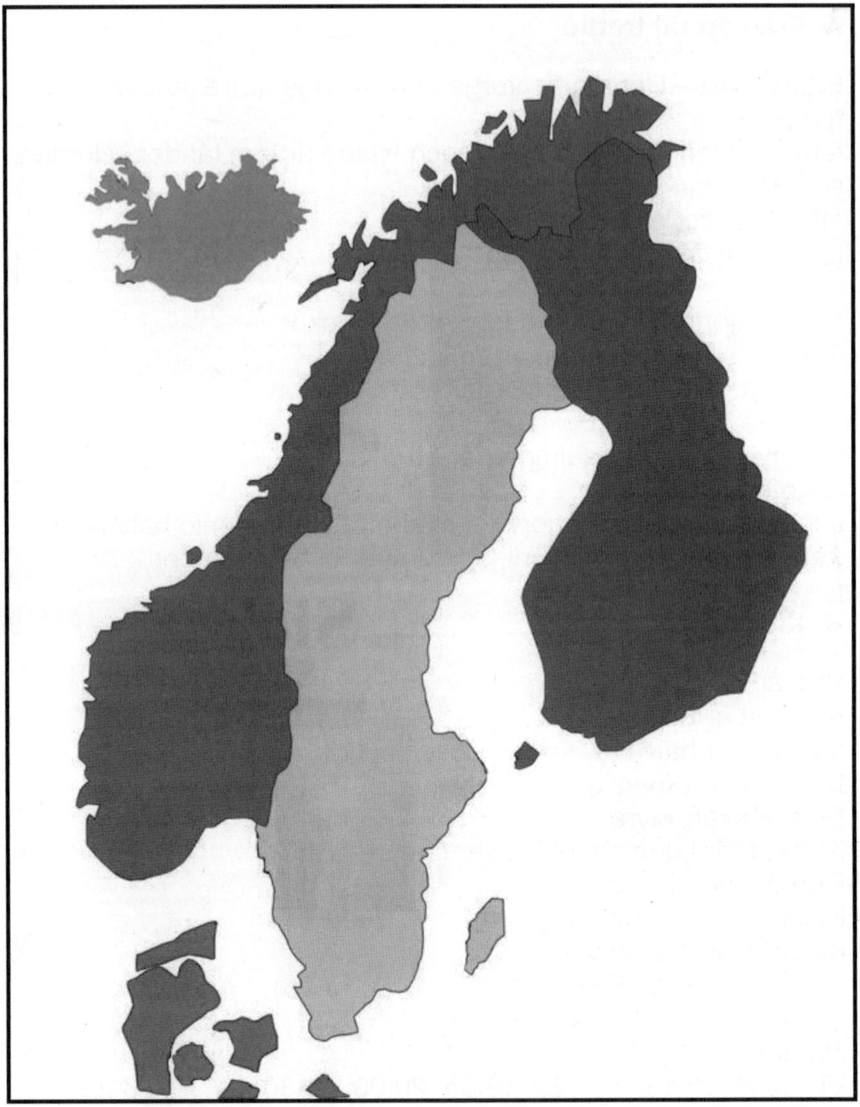

Norden

C. I Norden

Sverige har nio miljoner invånare. I Sverige talar man svenska.
I Danmark talar man danska och i Finland talar man finska och svenska.
I Norge har man två språk: bokmål och nynorska.
Danmark och Norge ligger väster om Sverige. Finland ligger öster om Sverige.
Tyskland ligger söder om Danmark, Finland, Norge och Sverige.
Man talar tyska i Tyskland. Sverige ligger norr om Tyskland.

UTTRYCK – AUSDRÜCKE	
Vad är klockan?	Wie spät ist es?
Den är elva.	Es ist elf Uhr.
När ses vi?	Wann sehen wir uns?
Hur mycket är...?	Wie viel ist...?
Hur många?	Wie viele?
väster om Sverige	westlich von Schweden
öster om Sverige	östlich von Schweden
norr om Danmark	nördlich von Dänemark
söder om Norge	südlich von Norwegen
Vad heter du?	Wie heißt du?
	Wie heißen Sie?

Från A till Ö
Alfabetet har tjugonio bokstäver:

A [ɑ:]	B [be:]	C [se:]	D [de:]	E [e:]	F [ɛf:]
G [ge:]	H [ho:]	I [i:]	J [ji:]	K [ko:]	L [ɛl:]
M [ɛm:]	N [ɛn:]	O [ω:]	P [pe:]	Q [kʉ:]	R [ær:]
S [ɛs:]	T [te:]	U [ʉ:]	V [ve]	W [ˇdəb: əl´ve:]	
X [ɛks]	Y [y:]	Z [ˇsɛ:ta]	Å [o:]	Ä [ɛ:]	Ö [ø:]

Ramge, § 1

AUSSPRACHE

sj- [ɧ] sju sjutton sjuttio tj- [ç] tjugo -rg- [rj] berg Norge älg → Elch → das Gleiche -rs- [ʂ] norska -gn [ŋn] dygn wie ngn Ramge, §§ 6 u. 7.4	Akzent 1: ´ett ´två ´tre ´ligger ´heter Akzent 2: ˇfyra ˇåtta ˇnio ˇtalar Ramge, §§ 12, 13

Die Erklärungen zur Aussprache und zu den Akzenten finden Sie auf den Seiten 201ff.

Från noll till tusen

0 noll	11 elva	21 tjugoett	91 nittioett
1 ett	12 tolv	22 tjugotvå	92 nittiotvå
2 två	13 tretton	30 trettio	100 [ett]hundra
3 tre	14 fjorton	31 trettioett	102 [ett]hundratvå
4 fyra	15 femton	40 fyrtio	165 [ett]hundrasextiofem
5 fem	16 sexton	50 femtio	200 tvåhundra
6 sex	17 sjutton	60 sextio	1000 tusen
7 sju	18 arton	70 sjuttio	
8 åtta	19 nitton	80 åttio	
9 nio	20 tjugo	90 nittio	
10 tio			Ramge, § 60

ÜBUNGEN

A. Lesen Sie laut und schreiben Sie in Buchstaben!

Hur mycket är 2 plus 2? (Wie viel ist...?) Det är fyra.
Hur mycket är 18 minus 15? Det är tre.

1. Hur mycket är 8 + 9? Det är ....
2. Hur mycket är 21 - 5? Det är ....
3. Hur mycket är 12 + 7? ....
4. Hur mycket är 17 + 7? ....
5. Hur ....är 27 - 12? ....
6. Hur................är 22 + 4? ....

B. Fragen Sie nach der Uhrzeit und antworten Sie!

Vad är klockan? *oder* Hur mycket är klockan? (Wie spät ist es?)
Den är 12.30. Den är halv ett.

1. Den är 19.20 Den är ....
2. Den är 17.10 Den är ....
3. Den är 08.30 ....
4. Den är 10.50 ....
5. Den är 18.37 ....
6. Den är 16.15 ....
7. Den är 14.45 ....

C. Fragen Sie nach der Uhrzeit und antworten Sie!

När ses vi? (kl. 14.00) Vi ses klockan 2!
När ses vi? (kl. 9.15) Vi ses [klockan] kvart över nio.

1. kl. 22.00 ....
2. kl. 7.15 ....
3. kl. 13.30 ....
4. kl. 20.35 ....
5. kl. 8.45 ....

D. Buchstabieren Sie die folgenden Wörter:

Hur stavar man...? (Wie buchstabiert man...?)
Sverige, Danmark, Finland, Norge, Island, Tyskland

E. Wie viele Einwohner haben diese Länder?

Hur många invånare har Danmark? (Wie viele Einwohner hat ...?)

1. Danmark: 5,5 miljoner

Danmark har fem komma ....

2. Norge: 4,5 miljoner

Norge har ....

3. Finland: 5,2 miljoner

Finland ....

4. Sverige: 9 miljoner

....

5. Tyskland: 82 miljoner

....

F. Den eigenen Namen und die eigene Adresse buchstabieren:

Vad heter du? (Wie heißt du? Wie heißen Sie?)

Jag ´heter ....

Jag bor på (Straße) ....

i (Ort) ....

Hur stavar man det? (Wie buchstabiert man das?)

G. Übersetzung ins Schwedische 1

1. In Schweden spricht man Schwedisch.
2. In Deutschland spricht man Deutsch.
3. Norwegen hat zwei Sprachen.
4. Schweden liegt westlich von Finnland.
5. Deutschland liegt südlich von Schweden.

6. Wie spät ist es?
7. Es ist Viertel nach acht.
8. Es ist Viertel vor neun.
9. Es ist fünf Minuten nach zwölf.
10. Sehen wir uns um halb sieben?

VOKABELN

Erklärungen der **grammatischen Fachausdrücke** befinden sich auf Seite 215ff.

Regeln zur **Aussprache** finden Sie auf den Seiten 201ff.

Zur Aussprache der Buchstaben o [ω] und å [o] siehe A.2 und A.3, Seite 201!

Die **Betonung** der Wörter wird durch ´ *vor* der betonten Silbe markiert, wenn die Betonung *nicht* auf der ersten Silbe liegt: *mi´nuter*

Der **Akzent 1** wird nur markiert, wenn er in zwei- oder mehrsilbigen Wörtern vorkommt: *´länder*

Der **Akzent 2** wird immer markiert und durch ˇ *vor* der betonten Silbe angezeigt: *ˇdagar*

Der **Doppelakzent** (ˇ ´) wird immer markiert: *ˇbok´stäver*

Es kommen auch regionale Unterschiede im Gebrauch der Akzente vor, die hier nicht berücksichtigt werden können. Die Betonung der Eigennamen und der geographischen Namen folgt nicht immer den sonst gültigen Regeln. Sie weisen auch oft regionale Unterschiede auf.

Zum Gebrauch der runden und der eckigen Klammern sowie zur Verwendung des Kommas und des Semikolons vgl. S. 223.

A.

ett *unbest. Artikel; Zahlwort*	ein, eine; eins
två *Zahlwort*	zwei
tre *Zahlwort*	drei
från *Präp.*	von
till *Präp.*	bis
ˇtrettio *Zahlwort*	dreißig
´Danmark	Dänemark
´Norge [ɔ]	Norwegen
´Sverige	Schweden

och [ɔ] [o:]	und
är *Präs. von* ^{v}vara	ist (sein)
´länder *Pl.*	Länder
^{v}fyra *Zahlwort*	vier
fem *Zahlwort*	fünf
plus	plus
´Finland	Finnland
´Island	Island
sex *Zahlwort*	sechs
sju *Zahlwort*	sieben
en dag *Pl.* ^{v}dagar	ein Tag, Tage
en ^{v}vecka *Pl.* ^{v}veckor	eine Woche, Wochen
^{v}åtta *Zahlwort*	acht
^{v}nio *Zahlwort* [ω]	neun
^{v}tio *Zahlwort* [ω]	zehn
^{v}elva *Zahlwort*	elf
tolv [ɔ] *Zahlwort*	zwölf
en ^{v}timme *Pl.* ^{v}timmar	eine Stunde, Stunden
ett dygn	24 Stunden
^{v}alfa´betet	das Alphabet
har *Präs. von* ha	hat (haben)
^{v}bok´stäver [ω]	Buchstaben
ap´ril, ´juni, sep´tember, no´vember	April, Juni, September, November

B.

en ^{v}klocka [ɔ], *best. Form:* ^{v}klockan (kl.)	eine Uhr, die Uhr
vad *Interrogativpron.*	was
Vad är ^{v}klockan? *oder:* Hur mycket är ^{v}klockan?	Wie spät ist es?
halv	halb
den *Personalpron.*	*hier:* es
kvart ´över	Viertel nach
kvart ´i	Viertel vor
mi´nuter *Pl.*, en mi´nut *Sg.*	Minuten, eine Minute
´över *Präp.*	über; *bei Uhrzeit:* nach
i *Präp.*	in, im; *bei Uhrzeit:* vor
noll [ɔ]	Null
när	wann

ses *Präs. u. Inf.*	sich sehen
vi *Personalpron.*	wir
mil´joner [ω:], en mil´jon *Sg.*	Millionen, eine Million

C.

´Norden [ω]	Norden (*die Länder Schweden, Norwegen, Dänemark, Island und Finnland*)
^{v}in´vånare	Einwohner
^{v}talar *Präs. von* ^{v}tala	spricht (sprechen)
man *Indefinitpron.*	man
^{v}svenska	Schwedisch
^{v}danska	Dänisch
^{v}finska	Finnisch
ett språk *Pl.* språk	eine Sprache, Sprachen
^{v}bok´mål [ω]	eine der beiden Sprachen Norwegens
^{v}ny´norska [ɔ]	die zweite Sprache: Neunorwegisch
´ligger *Präs. von* ^{v}ligga	liegt (liegen)
´väster om	westlich von
´öster om	östlich von
´söder om	südlich von
´Tyskland	Deutschland
^{v}tyska	Deutsch
norr [ɔ] om [ɔ]	nördlich von
^{v}ut´tryck	Ausdruck, Ausdrücke

Vokabeln im Grammatikteil und in den Übungen

Hur mycket är ...?	Wieviel ist ...?
hur ^{v}många	wie viele
ett ^{v}komma [ɔ]	ein Komma
jag ´heter	ich heiße
jag bor på [ω]	ich wohne in [+Straßenname]
Hur ^{v}stavar man det?	Wie buchstabiert man das?
ja *Interjektion*	ja
nej *Interjektion*	nein

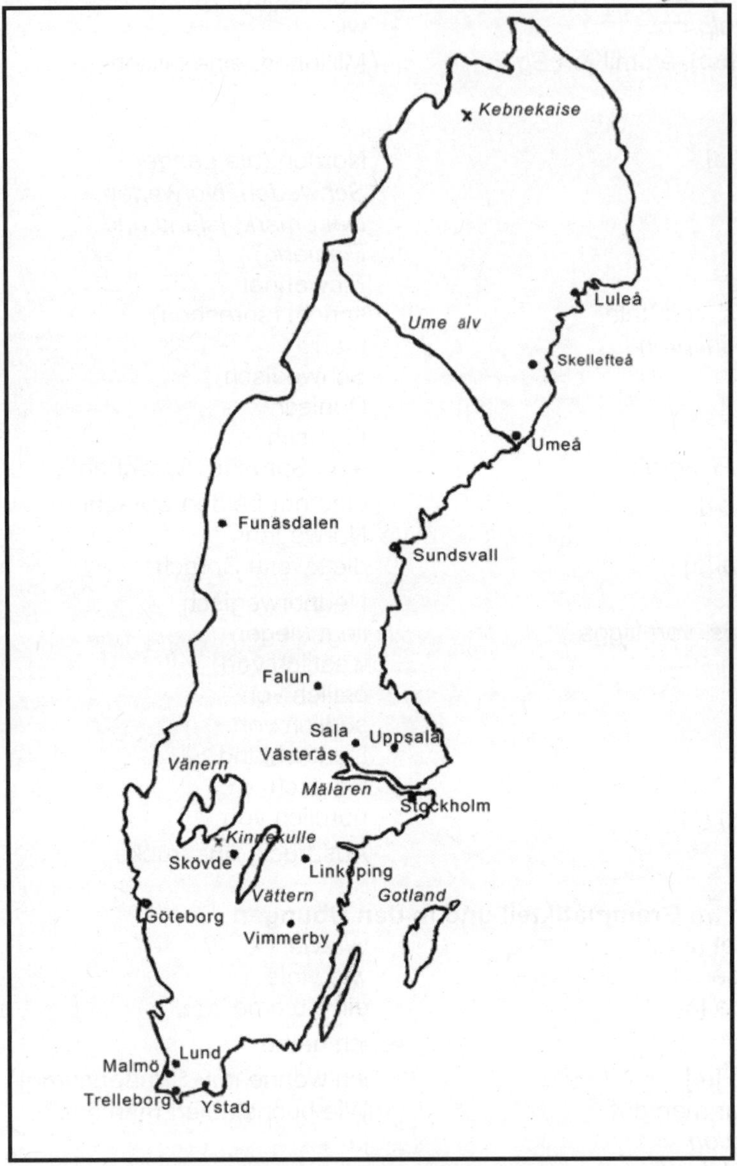
Kebnekaise
Luleå
Ume alv
Skellefteå
Umeå
Funäsdalen
Sundsvall
Falun
Sala
Uppsala
Västerås
Vänern
Mälaren
Stockholm
Kinnekulle
Skövde
Linköping
Vättern
Gotland
Göteborg
Vimmerby
Lund
Malmö
Trelleborg
Ystad

Sverige

LEKTION 2 SVERIGE

Det här är Sverige. Det är ett långt land. Det är också ett stort land.
Det här är Ume älv, som är en lång älv. Den ligger i norra Sverige.
Vänern är en stor sjö. Mälaren är också en stor, svensk sjö. Stockholm är en stor stad, som ligger vid Mälaren. Kinnekulle är ett berg. Det ligger inte långt från Vänern. Skövde är en stad, som ligger mellan Vänern och Vättern.
Stockholm ligger i östra Sverige. Det är Sveriges huvudstad. Göteborg ligger i västra Sverige. Det är Sveriges andra stad. Ume älv ligger i norra Sverige. Småland är ett landskap i södra Sverige.
- Var ligger Sverige? - Det är ett stort och långt land i norra Europa.

UTTRYCK

i ᵛnorra Sverige	in Nordschweden
vid Mälaren	am Mälarsee
inte långt från	nicht weit von
i ᵛöstra (västra) Sverige	in Ostschweden, (West-)
i ᵛsödra Sverige	in Südschweden
Var ´ligger ...?	Wo liegt...?

AUSSPRACHE

Lange Vokale:	**Kurze Vokale:**
U [ʉ:] ᵛhuvud mi´nut sju ᵛtjugo	**u** [ɵ] ᵛkulle ᵛhuvud ᵛsjutton ᵛsjuttio
A [ɑ:] ᵛarton stad ᵛtalar	**a** [a] land ᵛandra
O [ω:] mil´jon stor	

Ramge, §§ 4.1, 4.4, 4.5

G, K und **SK** vor *weichem, betontem* Vokal

Weiche Vokale sind: **E, I, Y, Ä** und **Ö**

g- [j] Göteborg **k-** [ç] Kinnekulle **sk-** [ɧ] Skövde

Ramge, §§ 7.4, 7.6, 7.13

Die Erklärungen zur Aussprache und zu den Akzenten finden Sie auf den Seiten 201., A.5 und B.1.

GRAMMATIK

1. Der unbestimmte Artikel: Utrum: en – Neutrum: ett

en stad – ett land en älv – ett landskap

Ramge, §§ 42.1, 43, 44

2. Das Adjektiv im Singular:

Utrum:	lång – stor – svensk – tysk
Neutrum:	lång**t** – stor**t** – svensk**t** – tysk**t**

en svensk stad	**ett** stor**t** land
en lång älv	**ett** svensk**t** landskap
en tysk sjö	**ett** tysk**t** berg

Ramge, § 48.1

3. Unveränderliches Relativpronomen: som

en stor stad, *som* ligger vid Mälaren
ett stort land, *som* ligger i norra Europa

Ramge, § 86

4. Ausdrücke Var? - Wo?

Var ligger Göteborg? - *Det* ligger i västra Sverige.
Var ligger Mälaren? - *Den* ligger i östra Sverige.

Regel: Bei geographischen Namen verwendet man *det*, bei Seen und Flüssen jedoch *den*.

5. Himmelsrichtungen

i norra, östra, södra, västra Sverige
in Nord-, Ost-, Süd-, Westschweden

ÜBUNGEN

A. Aussprache der Buchstaben o und å in einigen Vokabeln:

[o:]	[ɔ]	[ω:]	[ω]
mål	åtta	Europa	nio
månad	tolv	bor	tio
på	klocka	miljon	
språk	många	Norden	
två	norr om	stor	
	norska		

Ramge, §§ 3, 4.4

Lesen Sie!
En stor bok; många språk i Norden; nio miljoner; tolv miljoner; klockan två; klockan åtta; många miljoner; en stor klocka; i norra Europa

B. Aussprache von G-, K- und SK- vor weichen Vokalen

Lesen Sie!
Göteborg, Kinnekulle, Skövde, Skåne, Gävle, Kalmar, Skellefte älv

C. Setzen Sie die richtige Form des Artikels und des Adjektivs ein!

Beispiel: stor / stad → *en* stor stad stor / land → *ett* stor*t* land

1. svensk / berg ....
2. stor / sjö ....
3. lång / land ....
4. svensk / sjö ....
5. lång / älv ....
6. tysk / landskap ....

D. Fragen

Var ligger Stockholm? – *Det* ligger i östra Sverige.
Fragen Sie, wo *Göteborg, Kinnekulle, Sverige* und *Småland* liegen und antworten Sie nach dem selben Muster!

1. ....
2. ....
3. ....
4. ....

Var ligger Vänern? – *Den* ligger i västra Sverige.
Fragen Sie, wo *Mälaren* und *Skellefte älv* liegen und antworten Sie nach dem selben Muster!

5. ....
6. ....

E. Ergänzen Sie!

Beispiel: Mälaren är en sjö, *som* ligger i östra Sverige.

1. Ume älv är......................,...
2. Göteborg är....................,...
3. Småland är.....................,...

4. Stockholm är......................,..

5. Sverige är.......................,..

6. Kinnekulle är......................,..

F. Formulieren Sie schwedische Sätze wie:

Hamburg är en stad, som ligger i norra Tyskland.

z. B.: Bonn, München, Starnberger See, Dresden, Lübeck, Zugspitze, Bodensee

1. ....
2. ....
3. ....
4. ....
5. ....
6. ....
7. ....

G. Hur många dagar? – Wie viele Tage?

Fragen Sie: Hur många dagar har januari?
Januari har 31 (trettioen) dagar

1. Febru´ari .... eller (oder) ....

2. Mars .... 3. A´pril ....

4. Maj .... 5. ´Juni ....

6. ´Juli .... 7. Au´gusti ....

8. Sep´tember .... 9. Ok´tober ....

10. No´vember .... 11. De´cember ....

12. En vecka ....

H. Var kommer du ifrån? – Wo kommst du her? / Wo kommen Sie her?

Jag är [tysk, svensk] ....
Ich bin Deutsche(r) (Schwede/ Schwedin)

Jag kommer från ....
Ich komme aus

Det är ....
Das ist

Mitt telefonnummer är ....
Meine Telefonnummer ist

I. Übersetzung ins Schwedische 2

1. Eine Stadt, die in Westschweden liegt.
2. Eine deutsche Stadt, die an einem See liegt.
3. Ein großes Land in Nordeuropa.
4. Ein Fluss, der in Nordschweden liegt.
5. Ein großer Berg am Vänern.
6. Wo liegt Småland?
7. Lund liegt nicht weit von Malmö.
8. Ist Kinnekulle ein Berg oder ein See?
9. Vänern liegt in Westschweden und Mälaren in Ostschweden.
10. Schweden liegt zwischen Norwegen und Finnland.

VOKABELN

det ´här *Demonstrativpron.*	das, dies
det *Personalpron.*	es
lång *Adj.*	lang; weit
ett land	ein Land
ᵛockså [ɔ]	auch
stor *Adj.* [ω]	groß
en älv	ein Fluss
en sjö	ein See
svensk *Adj.*	schwedisch
en stad	eine Stadt
som *Relativpron.* [ɔ]	der, die, das
vid *Präp.*	an, am; bei
ett berg	ein Berg

ᵛinte	nicht
inte långt från	nicht weit von
ᵛmellan *Präp.*	zwischen
i ᵛöstra	in Ost-
en ᵛhuvud´stad	eine Hauptstadt
i ᵛvästra	in West-
ᵛandra	*hier:* zweitgrößte
i ᵛnorra [ɔ]	in Nord-
ett ᵛland´skap	eine Provinz; eine Landschaft
i ᵛsödra	in Süd-
var *Interrogativadverb*	wo
Eu´ropa [ω:]	Europa

Vokabeln im Grammatikteil und in den Übungen

tysk *Adj.*	deutsch
´eller	oder
janu´ari	Januar
febru´ari	Februar
mars	März
maj	Mai
´juli	Juli
au´gusti	August
ok´tober [ɔ] [ω:]	Oktober
de´cember	Dezember
Var kommer du i´från? [ɔ]	Wo kommen Sie her /
Vari´från kommer du? [ɔ]	Wo kommst du her?
en tysk	ein Deutscher
en ᵛtyska	eine Deutsche
Jag är tysk.	Ich bin Deutsche(r)
en svensk	ein Schwede
en ᵛsvenska	eine Schwedin
Jag är svensk.	Ich bin Schwede / Schwedin
Jag kommer från .. [ɔ]	Ich komme aus ...
mitt *Possessivpron.*	mein/e
teleᵛfon´nummer [o:]	Telefonnummer

LEKTION 3 EMIL I LÖNNEBERGA OCH PIPPI LÅNGSTRUMP

A. Det finns tjugofem landskap i Sverige. Ett stort landskap är Småland. Det ligger i södra Sverige. I Småland ligger Lönneberga och där bor en svensk pojke, som heter Emil. Han är berömd både i Sverige och i Tyskland. Han heter Emil på svenska och Michel på tyska.
Lönneberga finns bara i Astrid Lindgrens bok om pojken Emil, men staden Vimmerby finns. Astrid Lindgren kommer från Vimmerby, som ligger i norra Småland. Alla barn i Sverige läser böcker av Astrid Lindgren, det gör många barn i Tyskland också.

B. Pippi Långstrump är en flicka, som är både stark och rik. Hon har ett hus, som heter Villa Villekulla. Hon har inte någon bror och inte någon syster. I huset bor också en häst och en apa. Apan heter Herr Nilsson. Pippi Långstrump är en mycket ovanlig flicka.

- Bor Pippis mamma och pappa i Villa Villekulla? - Nej, det gör de inte. Men Emils föräldrar bor i byn Lönneberga. De har en dotter också, som heter Ida. Emil är Idas bror.

någon = nonn

UTTRYCK

på ^{v}svenska	auf Schwedisch
på ^{v}tyska	auf Deutsch
en bok om Emil	ein Buch über Emil
^{v}alla barn	alle Kinder
´böcker av Astrid ^{v}Lind´gren	Bücher von Astrid Lindgren
^{v}många barn	viele Kinder
Vad ´heter hon?	Wie heißt sie?
Vem är det?	Wer ist das?
en mamma och en pappa	eine Mutter und ein Vater
en bror och en ^{v}syster	ein Bruder und eine Schwester
en ^{v}pojke och en ^{v}flicka	ein Junge und ein Mädchen

AUSSPRACHE

Drei lange Vokale:

e [e:] ^{v}heta, ´heter; ^{v}veta, ´vet

i [i:] rik, vid

y [y:] by, ^{v}fyra

Ramge, §§ 3, 4.2, 4.6

GRAMMATIK

1. Substantiv in bestimmter Form Singular: -(e)n und -(e)t

Utrum:		Neutrum:	
en bok - ´boken	das Buch	ett hus - ´huset	das Haus
en ᵛpojke - ᵛpojken	der Junge	ett ᵛäpple - ᵛäpplet	der Apfel
en ᵛflicka - ᵛflickan	das Mädchen	ett ´foto - ´fotot	das Foto
			Ramge, §§ 23-26

Regel: Einsilbige Substantive, die durch den angehängten Artikel zweisilbig werden, behalten Akzent 1:
´bok - ´boken;´hus -´huset Siehe Seite 206.

2. Personalpronomen – Subjektsform

Sg.	1. jag	Pl.	vi
	2. du		ni
	3. han, hon den, det		de (dom)
			Ramge, § 67

3. Personalpronomen der 3. Person Singular: Wann wird welches Pronomen verwendet?

en pojke - pojken - *han*	en flicka - flickan - *hon*	(bei Personen)
en bok - boken - *den*	ett hus - huset - *det*	(bei Sachen)
		Ramge, § 68

4. Fragewörter: *vad? vem?* – was? wer?

Vad är det?	Det är en bok av Astrid Lindgren.	(bei Sachen)
Vem är det?	Det är Emils syster Ida.	(bei Personen)
		Ramge, §§ 93, 94

5. Anrede

Vad heter *du?*	*Jag* heter Ida.
Vad heter *ni?*	*Vi* heter Emil och Ida.

Ramge, § 69

6. Frage und Kurzantwort bei einigen Verben

1. Finns det tjugofem landskap i Sverige?	-Ja, det finns det.
2. Är Emil berömd i Tyskland?	-Ja, det är han.
3. Är Pippi Långstrump rik?	-Ja, det är hon.
4. Har Emils föräldrar ett hus?	-Ja, det har de.

Aber in den meisten anderen Fällen wird das Verb durch **göra** ersetzt:

5. *Ligger* Småland i södra Sverige?	-Ja, det *gör* det.
6. *Bor* Emils föräldrar i Lönneberga?	-Ja, det gör de.
7. *Heter* Idas bror Emil?	-Ja, det *gör* han.
8. *Läser* ni svenska nu?	-Ja, det *gör* vi.

ÜBUNGEN

A. Lesen Sie!

nu – ni   ni - ny   bi – by
Byn heter Lönneberga.
ny - nu - ni   fyra - fira - fura   Ses vi klockan fyra?

B. Substantiv und zugehöriges Personalpronomen

en pojke - pojken – *han*   en flicka - flickan - *hon*
en bok - boken - *den*   ett hus - huset - *det*

Vervollständigen Sie die folgenden Reihen wie oben!

1. ett landskap ....
2. en stad ....
3. en villa ....
4. en pappa ....

5. en by ....
6. ett berg ....
7. ett barn ....
8. en älv ....
9. en mamma ....
10. en klocka ....
11. ett land ....
12. en häst ....

C. Bestimmte und unbestimmte Form des Substantivs

Setzen Sie diese Substantive in die unbestimmte Form Singular mit dem unbestimmten Artikel!
Beispiele: klocka**n** - en klocka land**et** - ett land

1. vecka**n** .... 2. språk**et** ....
3. timme**n** .... 4. sjö**n** ....
5. minut**en** .... 6. kvart**en** ....
7. invånare**n** .... 8. dygn**et** ....

D. Fragen

1. Var bor Emils föräldrar? ....
2. Var kommer Astrid Lindgren ifrån? ....
3. Vad heter Emils syster? ....
4. Vad heter Pippis hus? ....
5. Vem är Ida? ....

E. Kurzantworten

Är 2+2 fyra?	- Ja, det är det.
Har man två språk i Norge?	- Ja, det har man.
Talar man tyska i Tyskland?	- Ja, det gör man.
Är 3+8 femton?	- Nej, det är det inte.
Har man två språk i Sverige?	- Nej, det har man inte.
Talar man svenska i Danmark? -	- Nej, det gör man inte.

E.1. Beantworten Sie diese Fragen wie oben!

1. Ses vi kl. 18? Ja, ...
2. Ligger Umeå norr om Malmö? Ja, ...
3. Har Ida en bror? Ja, ...
4. Talar du tyska? Ja, ...
5. Bor de i Tyskland? Ja, ...
6. Har Emil en syster? Ja, ...
7. Talar vi svenska nu? Ja, ...

E.2. Verneinen Sie diese Fragen!

1. Är 7+17 tjugofem? Nej, ...
2. Ligger Berlin i södra Tyskland? Nej, ...
3. Har Pippi en bror? Nej, ...
4. Kommer Astrid Lindgren från Lönneberga? Nej, ...
5. Bor Pippis föräldrar i Villa Villekulla? Nej, ...
6. Talar vi tyska nu? Nej, ...

F. Präpositionen. Ergänzen Sie die fehlenden Präpositionen!

Klockan är tio .... (nach) nio. Man talar danska .... Danmark. Norge, som ligger norr .... Danmark, har två språk. Öster .... Sverige ligger Finland. Ume älv ligger .... norra Sverige. Stockholm, som är Sveriges huvudstad, ligger .... Mälaren. Inte långt .... Kinnekulle ligger sjön Vänern. En stad, som ligger .... (zwischen) Vänern och Vättern, heter Skövde. Vem kommer .... Vimmerby? Vad heter Astrid Lindgrens bok .... tyska? Vem bor .... huset?

G. Übersetzung ins Schwedische 3

1. Wo wohnen sie?
2. Wo kommt ihr her?
3. Wie heißen sie?

4. Was ist das?
5. Wer ist das?
6. Was liest du?
7. Ich lese ein Buch über einen schwedischen Jungen, der Emil heißt.
8. Er lebt in einem Dorf in Südschweden.
9. Idas Eltern wohnen in einem Dorf, das Lönneberga heißt.
10. Viele Kinder lesen Bücher von Astrid Lindgren.
11. Wie heißt das auf Schwedisch?

VOKABELN

A.

det finns	es gibt
där	da, dort
bor [ω:] *Präs. von* bo [ω:]	wohnen
^{v}pojke -n [ɔ]	Junge
han *Personalpron. 3. Pers. Sg.*	er
be´römd be´römt *Adj.*	berühmt
^{v}både...´och [ɔ]	sowohl...als auch
´heter *Präs. von* ^{v}heta	heißen
på *Präp.*	auf
på ^{v}svenska	auf Schwedisch
på ^{v}tyska	auf Deutsch
^{v}bara	nur, bloß
bok -en [ω:] *Sg.* ´böcker *Pl.*	Buch, Bücher
om *Präp.* [ɔ]	über
men *Konj.*	aber
från *Präp.*	von; aus
^{v}alla	alle
barn *Pl.*	Kinder
barn -et *Sg.*	Kind
´läser *Präs. von* ^{v}läsa	lesen
av *Präp.*	von
gör *Präs. von* ^{v}göra [unreg.]	machen; tun
^{v}många *Pl.*	viele

B.

^{v}flicka -n	Mädchen
stark *Adj.*	stark
rik *Adj.*	reich
hon [ω] *Personalpron. 3. Pers. Sg.*	sie
hus -et	Haus
inte ^{v}någon *Indefinitpron.*	kein
bror ^{v}brodern [ω:]	Bruder
^{v}syster -n	Schwester
häst -en	Pferd
^{v}apa -n	Affe
^{v}mycket	sehr
^{v}o´vanlig *Adj.* [ω:]	außergewöhnlich
^{v}mamma -n	Mutter
^{v}pappa -n	Vater
de *Personalpron. 3. Pers. Pl.*	sie
för´äldrar *Pl.*	Eltern
by -n	Dorf
^{v}dotter -n [ɔ]	Tochter

Vokabeln im Grammatikteil und in den Übungen

´foto -t [ω:] [ω]	Foto
nu	jetzt
^{v}äpple -t	Apfel
jag *Personalpron. 1.Pers. Sg.*	ich
du *Personalpron. 2. Pers. Sg.*	du
ni *Personalpron. 2. Pers. Pl.*	ihr
son -en [o:]	Sohn
vad *Interrogativpron.*	was
vem *Interrogativpron.*	wer

LEKTION 4 JONAS LÄGENHET

A. Jonas bor på Älgvägen 27. Han bor i en liten lägenhet. Den har ett rum och kök. Rummet är litet och köket är mycket litet. Det finns ett duschrum också. Lägenheten är bra. Så här ser det ut i den:
Det finns en säng, som står vid väggen. Det finns bara ett bord i rummet. Det står vid fönstret och är inte stort. Det står en dator på bordet. Den är ny och ser dyr ut. Vid bordet står det en röd stol, som är gammal.

B. På golvet ligger det en brun matta och i taket hänger det en lampa, som är vit. På väggen hänger det en stor affisch till vänster och en gammal klocka till höger. Det står en massa grejor på golvet. Rummet ser trevligt ut.
I köket finns det ett stort skåp på väggen. En spis och ett gammalt kylskåp finns det också. Cykeln står i källaren och bilen på parkeringsplatsen.

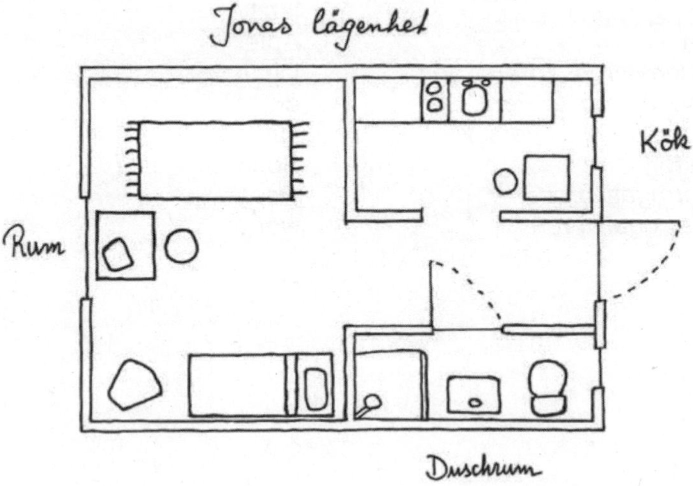

UTTRYCK	
så ´här	so
på Älgvägen	im Elchweg
Lägenheten är bra.	Die Wohnung ist gut.
Hur ser det ´ut?	Wie sieht es aus?
Datorn ser ´dyr ut.	Der Computer sieht teuer aus.
vid bordet	am Tisch
på golvet	auf dem Fußboden
i taket	an der Decke
på väggen	an der Wand (hängend)
en massa grejor	eine Menge Sachen
till ´vänster	links
till ´höger	rechts
på par^{v}kerings´platsen	auf dem Parkplatz
i ^{v}källaren	im Keller

AUSSPRACHE

Drei lange Vokale:	Doppelakzent:
Å [o:] stå, står, skåp	^{v}dusch´rum ^{v}in´vånare ^{v}kyl´skåp
Ä [ɛ:] ^{v}läsa, ´läser, väg	^{v}lägen´het ^{v}land´skap
Ö [ø:] ´höger, kök, röd	^{v}o´vanlig
-lg [lj] älg	par^{v}kerings´plats ^{v}ut´tryck
på ´vägen - på ´väggen (auf dem Weg - an der Wand)	vid ´vägen - vid ´väggen (am Weg - an der Wand)

Ramge, §§ 3, 4.2, 7.4, 19

GRAMMATIK

1. Unregelmäßige bestimmte Formen im Singular

En-Wörter auf -el, -er, -or:

en ´cyk**el**	-	**´cykeln**	en ᵛdott**er**	-	**ᵛdottern**
en ᵛsyst**er**	-	**ᵛsystern**	en bror (ᵛbrod**er**)	-	**ᵛbrodern**
en ᵛdat**or**	-	**ᵛdatorn**			

Ett-Wörter auf -en, -er:

ett´vatt**en** - **´vattnet,** ett´fönst**er** - **´fönstret,** ett rum - **´rummet**

Ramge § 42

Regel: Doppel-*m* kann im Schwedischen nicht am Wortende nach einem kurzen Vokal stehen (*rum*). Zwischen Vokalen wird dieser *m*-Laut jedoch verdoppelt (*rummet*).

2. Unregelmäßige Formen des Adjektivs im Singular

vit	**vitt**	liten	**litet**	**bra** ist unveränderlich	
ny	**nytt**			trött	**trött**
röd	**rött**				

Ramge § 48

3. Adjektive in prädikativer Stellung

Bei den Verben *vara* und *se ut* steht das Adjektiv auch in prädikativer Stellung mit dem Subjekt in Kongruenz (Übereinstimmung).

Lampan är liten.	Den ser trevlig ut.
Rumm**et** är lite**t**.	**Det** ser trevlig**t** ut.

Ramge § 295

4. Das grammatische Subjekt *det* bei Umkehrung der Satzteile (Inversion)

Det finns ett bord i rummet.	I rummet finns **det** ett bord.
Det står en stol vid bordet.	Vid bordet står **det** en stol.
Det bor en häst i huset också.	I huset bor **det** en häst också.

Ramge §§ 70.8, 280

Regel: Das grammatische Subjekt *det* kann sowohl am Satzanfang als auch **im** Satz stehen.

ÜBUNGEN

A. Lesen Sie!

[ω:]

bok, bor, bror, foto, Jonas, Norden, oktober, ovanlig, stol, stor
ett stort foto; en stor bror

[o:]

skåp, står, två skåp, på skåpet, Småland, språk

[o:], [ɔ] und **[ω:]**

Det står en klocka i skåpet. Ett stort bord. En bror bor i Småland. Ett ovanligt skåp.Två bord. Inte någon bror. Många språk i Norden.

B. Adjektivflexion (prädikative Stellung)

lägenhet + stor	Lägenhet**en** är **stor**.
kök + stor	Kök**et** är **stort**.

1. skåp + liten ....
2. dator + ny ....
3. bord + vit ....
4. barn + liten ....
5. hus + röd ....
6. lägenhet + bra ....
7. rum + bra ....

8. lampa + ny ....
9. stad + gammal ....
10. väg + lång ....
11. parkeringsplats + stor ....
12. land + liten ....
13. bord + ny ....
14. cykel + röd ....
15. rum + stor ....

C. Der Ausdruck *se ut* mit dekliniertem Adjektiv
Beispiel: Dator**n** ser **dyr** ut. - Rumm**et** ser **litet** ut.

1. matta / gammal ....
2. bord / gammal ....
3. spis / bra ....
4. cykel / ny ....
5. hus / ny ....
6. rum / trevlig ....
7. Jonas / trött (müde) ....

D. Ergänzen Sie die passenden Präpositionen!

Hon bor .... Skövde. Klockan kvart .... tre (14.45) är jag där. Jonas bor .... Älgvägen. Han bor .... en liten lägenhet. Sängen står .... väggen och stolen .... bordet. .... golvet ligger det en massa grejor. Datorn står .... bordet. Cykeln står .... källaren. .... höger .... väggen hänger det en gammal klocka. .... taket hänger det en lampa. .... svenska heter boken *Emil* .... *Lönneberga*. Vad heter den .... tyska?

E. Jonas lägenhet - Beantworten Sie die Fragen!

Beispiel: Var ligger mattan? Den ligger på golvet.

1. Var står datorn? ....
2. Var står bordet? ....
3. Var finns sängen? ....
4. Var hänger affischen? ....
5. Var finns kylskåpet? ....
6. Var står bilen? ....

F. Wortstellung: Inversion (Prädikat vor Subjekt)

Beispiel: Det står en dator **på bordet.** **På bordet** står det en dator.

1. Det finns ett stort skåp **i köket.** ....
2. Det står en massa grejor **på golvet.** ....
3. Det finns ett kylskåp **i köket.** ....
4. Det står en cykel **i källaren.** ....
5. Det ligger en matta **på golvet.** ....
6. Det står en säng **vid väggen.** ....
7. Det hänger en lampa **i taket.** ....
8. Det står en massa grejor **i skåpet.** ....
9. Det ligger en bok **på bordet.** ....

G. Hur ser det ut hos dig? - Wie sieht es bei Dir / Ihnen aus? Ergänzen Sie die Sätze!

1. Det finns en (ett) ....
2. Jag har ....
3. I mitt rum står det ....
4. Till höger står det ....

....

H. Übersetzung ins Schwedische 4

1. Wie heißt das Buch auf Deutsch?
2. Auf dem Tisch steht der Computer.
3. Auf dem Bett liegen eine Menge Sachen.
4. Wo steht die Lampe?
5. Es steht ein Fahrrad im Keller.
6. In der Küche gibt es einen Herd.
7. Wo hängt das Poster? – Da, links an der Wand.
8. Das Fenster ist groß.
9. Es liegen viele Bücher auf dem Tisch.
10. Das Zimmer sieht nicht groß aus.
11. Emil hat eine Schwester aber keinen Bruder.

VOKABELN

Beachte: Nur von den *unregelmäßig* deklinierten Adjektiven werden die neutralen Formen aufgeführt!

A.

^{v}lägen´het -en	Wohnung
älg -en	Elch
väg -en	Weg
^{v}liten ^{v}litet *Adj.*	klein
rum ´rummet	Zimmer
kök -et	Küche
^{v}dusch´rum -met	Badezimmer; Dusche
bra *Adj. u. Adv. unveränd.*	gut
så ´här *Demonstrativpron.*	so
ser ´ut *Präs. von* se ´ut	aussehen
säng -en	Bett
står *Präs. von* stå	stehen
vägg -en	Wand
bord -et [ω:]	Tisch
vid ´fönstret	am Fenster
´fönster ´fönstret	Fenster
^{v}dator -n [ɔ]	Computer
ny nytt *Adj.*	neu
dyr *Adj.*	teuer
röd rött *Adj.*	rot
stol -en [ω:]	Stuhl
^{v}gammal *Adj.*	alt

B.

golv -et [ɔ]	[Fuß]boden
^{v}matta -n	Teppich
brun *Adj.*	braun
i ´taket	an der Decke
tak -et	Decke
´hänger *Präs. von* ^{v}hänga	hängen
^{v}lampa -n	Lampe
vit vitt *Adj.*	weiß
på ´väggen	an der Wand
a´ffisch -en	Plakat, Poster
´vänster; till ´vänster	links
^{v}klocka -n [ɔ]	Uhr
´höger; till ´höger	rechts
en ^{v}massa	eine Menge
^{v}grejor [ω] *Pl.* en grej (Sing.)	Sachen; Zeug eigtl.: grejer (Pl.)
^{v}trevlig *Adj.*	gemütlich; schön
skåp -et	Schrank
spis -en	Herd
^{v}kyl´skåp -et	Kühlschrank
´cykel -n	Fahrrad
^{v}källare -n	Keller
bil -en	Auto[mobil]
par^{v}kerings´plats -en	Parkplatz

Vokabeln in dem Grammatikteil und in den Übungen

´vatten ´vattnet	Wasser
trött trött *Adj.*	müde
hos *Präp.* [ω]	bei
hos dig [ω]	bei dir, bei Ihnen
i mitt rum	in meinem Zimmer

LEKTION 5 YSTAD I SÖDER OCH SKELLEFTEÅ I NORR

A. Ystad i söder

På Västergatan i Ystad bor Mats och Lotta Persson. Han är 32 år gammal och hon är 27. De har ett litet rött hus på tre rum. Det finns ett stort vardagsrum, ett litet matrum, ett sovrum, ett stort kök och en hall. Det finns förstås ett badrum också. Huset ligger i en fin trädgård. Det finns ingen källare. De har en stor svart hund, som heter Pompe.

- Hur gammal är hunden?
- Den är fem år gammal och mycket snäll.

Mats och Lotta har inga barn. - Vad gör ni, Mats och Lotta?
Mats: - Jag är lärare och jobbar i en skola i Ystad.
Lotta: - Jag har ett bra jobb på en bank. Vi trivs bra här i Ystad.

B. Skellefteå i norr

På Skolgatan i Skellefteå bor Kalle och Lena Nilsson, som har tre barn. De heter Mia, Erik och Anna. Kalle och Lenas lägenhet har fyra rum. De har inget hus och ingen trädgård.
Kalle: - Jag är 37 år gammal och arbetar på en stor firma här i Skellefteå.
Lena: - Jag är sjuksköterska, men jag jobbar inte just nu.

Mia: - Jag är åtta år gammal och går i andra klass.
Erik: - Jag är fem år. Jag har en ny cykel. Den är röd.
Mia: - Jag har också en cykel. Jag cyklar till skolan varje dag.
Kalle: - Vi tycker om att bo i Skellefteå, men med tre barn behöver vi ett hus med trädgård. Vi har ju en liten katt också. Den heter Gustav.

UTTRYCK

i ´söder	im Süden (= im südlichen Teil des Landes)
i ´norr	im Norden (= im nördlichen Teil des Landes)
på ^{v}Väster´gatan	in der Weststraße
Hur gammal är han?	Wie alt ist er?
Han är 32 år [gammal].	Er ist 32 [Jahre alt].
Det finns ingen källare.	Es gibt keinen Keller.
Vi trivs bra.	Wir fühlen uns wohl.
ett jobb på en bank (^{v}firma)	eine Stelle in einer Bank (bei einer Firma)
cykla till ^{v}skolan (´jobbet)	mit dem Fahrrad zur Schule (Arbeit) fahren
tycka ´om att göra något	etwas gerne tun
be´höva något	etwas brauchen

AUSSPRACHE

G, K und SK vor *harten* Vokalen:

Harte Vokale sind **A, O, U, Å**

g- [g-] ^{v}gammal, ^{v}Gustav, gå

k- [k-] ^{v}Kalle, ^{v}komma, katt

sk- [sk-] ^{v}skola, skåp

Ramge §§ 6.4, 6.6

Siehe Seite 203.

GRAMMATIK

1. Unbestimmte Pluralbildung. Die 5. Deklination ohne Pluralendung

ett hus - två hus	ett bord - några bord
ett rum - inga rum	ett skåp - flera skåp
ett språk - flera språk	ett år - några år
ett landskap - tjugofem landskap	en lärare - några lärare
ett barn - många barn	ett berg - två berg
en invånare - tre miljoner invånare	
	Ramge § 32

Regel 1: Ett-Wörter, die auf einen Konsonanten enden, haben keine Pluralendung. Ausnahme: ett land - flera ´länder

Regel 2: En-Wörter auf *-are* gehen auch nach der 5. Deklination: en invånare, en källare, en lärare

2. Indefinitpronomen

2a. någon, något, några - 'ein(e), einige'

Har du ˇnågon bror?	-Ja, jag har en bror.
Har han ˇnågot jobb?	-Ja, han har ett jobb.
Har de ˇnågra barn?	-Ja, de har tre barn.
	Ramge § 100

2b. ingen - inget - inga oder inte någon - inte något - inte några - 'kein(e), keinen'

Singular:	
Utrum	ˇingen bror / inte ˇnågon bror
Neutrum	ˇinget hus / inte ˇnågot hus
Plural:	ˇinga hus / inte ˇnågra hus
	Ramge, § 101

Har du ᵛnågon bror?	-Nej, jag har ᵛingen bror / ᵛinte någon bror.
Har han ᵛnågot jobb?	-Nej, han har ᵛinget jobb / ᵛinte något jobb.
Har de ᵛnågra barn?	-Nej, de har ᵛinga barn / ᵛinte några barn.
	Ramge § 100

3. Konjugationen 1 - 4 im Infinitiv und im Präsens

Verben haben nur eine Flexionsform im Präsens.

1. ᵛjobba	ᵛjobb**ar**	2. ᵛtycka - ´tyck**er***	3. bo - bo**r**
ᵛcykla	ᵛcykl**ar**	ᵛläsa - ´läs**er***	
ᵛtala	ᵛtal**ar**	ᵛköra - kör**	4.ᵛkomma - ´komm**er***

Unregelmäßig sind die Verben:

ᵛvara - är	stå - står	ᵛfinnas - finns	ᵛtrivas - trivs
gå - går	se - ser	ha - har	ᵛgöra - gör**

Ramge §§ 125-131

* Zum Wechsel der Akzente in den Zeitformen siehe Seite 207.

** Ausnahme: Verben, deren Stamm auf *-r* endet, haben keine Präsensendung.

4. Mengenangaben

Folgende Ausdrücke können vor Substantiven im Plural in der unbestimmten Form stehen:

ᵛflera	mehrere
ᵛinga / inte ᵛnågra	keine
ᵛmånga	viele
ᵛnågra	einige

ÜBUNGEN

A. Lesen Sie!

[g-] und [j-]
Gustav bor inte i Göteborg. Vad gör Gustav? Går Gunnar till Gerda?

[k-] und [ç-]
Karins hus har ingen källare. Kalle och Kerstin kör till Kinnekulle.

[sk-] und [ɧ-]
En skola i Skellefteå. Skolan ligger vid en sjö. Sju skåp. En sjö vid Skövde. En sjuksköterska i Skellefteå.

B. Übersetzen Sie ins Schwedische:

1. einige Berge ....
2. keine Zimmer ....
3. mehrere Jobs ....
4. viele Jahre ....
5. einige Kinder ....
6. mehrere Keller ....
7. viele Häuser ....
8. keine Tische ....
9. viele Sprachen ....
10. keine Lehrer ....

C. Die Wiedergabe von 'kein':
Bilden Sie negative Sätze mit wahlweise *ingen/inte någon, inget/ inte något* und *inga/inte några*.

Beispiel: Huset/ha/källare (Sg.) → Huset har ingen/inte någon källare.

1. Jag / ha / rum (Sg.) ....
2. Huset / ha / invånare (Pl.) ....
3. Han / ha / kylskåp (Sg.) ....

4. Hon / ha / cykel ....

5. Lena / ha / lägenhet ....

6. Han / ha / jobb (Sg.) ....

7. Mia / ha / dator ....

8. Lotta / ha / barn (Pl.) ....

D. Fragen mit någon, något, några

Beispiele: Du / ha / cykel.	→	Har du någon cykel?
Han / ha / rum	→	Har han något rum?
Det / finns / lärare (Pl.)	→	Finns det några lärare?

1. Ni / ha / klocka ....

2. Du / ha / jobb (Sg.) ....

3. Det / finns / parkeringsplats ....

4. Det / finns / skola ....

5. Det / finns / böcker om Emil ....

E. Lesen Sie laut und schreiben Sie!

Hur mycket är 117 + 81? Det är etthundranittioåtta. (198)

1. Hur mycket är 222 + 437? Det är ....(659)

2. Hur mycket är 341 + 633? Det är ....(974)

3. Hur mycket är 468 + 412? Det är ....(880)

4. Hur mycket är 505 + 272? Det är ....(777)

5. Hur mycket är 615 + 385? Det är ....(1000)

F. Beantworten Sie die Fragen!

1. Hur många rum har Mats och Lottas hus? ....

2. Hur många rum har Kalle och Lenas lägenhet? ....

3. Hur många barn har Kalle och Lena? ....

4. Hur många barn har Mats och Lotta? ....

G. Übersetzung ins Schwedische 5

1. Es gibt keinen Parkplatz und keinen Keller.
2. Wie alt ist er?
3. Wieviele Sprachen spricht sie?
4. Wir brauchen keinen Garten.
5. Hast du ein Fahrrad? – Ja, ich habe ein Fahrrad.
6. Emil hat eine Schwester.
7. Sie haben mehrere Kinder.
8. Fährt er mit dem Fahrrad zur Arbeit?
9. Habt ihr ein Buch über Schweden? – Ja, das haben wir.
10. Das Badezimmer ist groß und schön.
11. Sie fahren [mit dem Auto] nach Ystad.
12. Wieviele Länder gibt es in der EU (*i EU*)?

VOKABELN

A.

i ´söder	im Süden
i ´norr [ɔ]	im Norden
^{v}gata -n	Straße
år -et	Jahr
på tre rum	mit drei Zimmern
^{v}vardags´rum -met	Wohnzimmer
^{v}mat´rum -met	Esszimmer
^{v}sov´rum -met [o:]	Schlafzimmer
hall -en	Flur
för´stås	natürlich; selbstverständlich
^{v}bad´rum -met	Badezimmer
fin *Adj.*	schön
^{v}träd´gård -en	Garten
^{v}ingen ^{v}inget ^{v}inga *Indefinitpron.*	kein/e -r -s
svart svart *Adj.*	schwarz
hund -en	Hund
snäll *Adj.*	nett; lieb; freundlich
^{v}lärare -n	Lehrer, Lehrerin
^{v}jobbar [ɔ] *Präs. von* ^{v}jobba [ɔ]	arbeiten
^{v}jobba (på)	arbeiten (bei)
^{v}skola -n [ω:]	Schule
jobb -et [ɔ]	Beruf; Job

bank -en, på en bank	Bank; bei einer Bank
trivs *Präs. von* ^{v}trivas	sich wohlfühlen
vi trivs [bra]	wir fühlen uns wohl

B.

på ^{v}Skol´gatan [ω:]	in der Schulstraße
^{v}ar´betar *Präs. von* ^{v}ar´beta	arbeiten
^{v}ar´beta (på)	arbeiten (bei)
^{v}firma -n	Firma
^{v}sjuk´sköterska -n	Krankenschwester
just	gerade; eben
just nu	im Moment, gerade jetzt
går *Präs. von* gå	gehen
andra *Ordnungszahl*	zweit/e -r -s
klass -en	Klasse
^{v}cyklar *Präs. von* ^{v}cykla	Fahrrad fahren
till ^{v}skolan [ω:]	zur Schule
^{v}varje	jeder
tycker ´om [ɔ] *Präs. von* tycka ´om [ɔ]	mögen; schätzen; gut finden
att *Infinitivpartikel*	zu
be´höver *Präs. von* be´höva	brauchen
med *Präp.*	mit
ju	ja
katt -en	Katze

Vokabeln im Grammatikteil und in den Übungen

^{v}flera	mehrere
kör *Präs. von* ^{v}köra	[Auto] fahren

LEKTION 6 PER HAR SEMESTER I EN VECKA

A. Han berättar vad han gör och vad han ska göra

I går var det måndag. Det var första dagen jag var ledig. Jag var hemma hela dagen.
I dag är det tisdag. Det är andra dagen och jag städar lägenheten och lagar mat.
I morgon är det onsdag. Då ska vi handla. Vi ska köpa en cykel.
På torsdag reser vi till Anna, min kusin i Västerås.
På fredag är vi hemma hos Anna och hennes familj.
På lördag åker vi till min moster Kristina. Hon bjuder hela familjen på middag.
På söndag far vi hem. Jag börjar jobba **på måndag** igen.

B. Första dagen på jobbet efter en ledig vecka

Det är måndag och Per berättar för en kollega om semestern:

I måndags var jag hemma. Jag var lat och gjorde inte någonting.
I tisdags städade jag hela lägenheten.
I onsdags var vi i stan och köpte en ny cykel. Vi åt lunch på en restaurang.
I torsdags körde vi till min kusin Anna, som bor i Västerås. Hon är gift med Erik. Deras barn heter Emma och Emil. På kvällen gick vi på bio. Vi var tillsammans med Anna och hennes familj **i fredags** och grillade i deras trädgård på kvällen.
I lördags - alltså i förrgår - körde vi med hela familjen till Sala. Där hälsade vi på Annas mamma, som heter Kristina och är min mammas syster. Anders heter hennes man. Kristina bjöd på en god middag och vi hade väldigt trevligt. Vi kom tillbaka till Västerås sent på natten.
I går for vi hem igen.

in eine Woche - om en vecka
für eine Woche - i en vecka

UTTRYCK

Det var lördag igår.	Gestern war Samstag.
Jag har semester i en vecka.	Ich habe eine Woche Urlaub.
Vad ska du göra?	Was hast du vor?
Jag är ledig.	Ich habe frei.
första dagen (andra dagen)	der erste (zweite) Tag *oder*: am ersten (zweiten) Tag
Han lagar mat.	Er kocht.
[hemma] hos Anna	bei Anna
åka (fara, resa) hem	nach Hause fahren (reisen)
köra hem	[im Auto] nach Hause fahren
vara hemma	zu Hause sein
Vi hade [det] trevligt.	Wir hatten eine schöne Zeit. Es war schön.
sent på natten	spät in der Nacht

GRAMMATIK

1. Das Präteritum bei Zeitadverbialien der Vergangenheit

Im Schwedischen wird in Sätzen, die einen Zeitausdruck der abgeschlossenen Vergangenheit enthalten, immer das Präteritum verwendet.

z.B. Gestern *habe* ich *eingekauft.*	I går *handlade* jag.
Um zwei Uhr *ist* er *gekommen*.	Klockan två *kom* han.

Ramge §138

Zeitausdrücke der abgeschlossenen Vergangenheit sind z.B.: *i går, i förrgår, i måndags* usw. und Uhrzeiten und Monate in der Vergangenheit: Jag jobbade i dag från [klockan] åtta till [klockan] fem. I maj var vi i Sverige.

2. Alle vier Verbkonjugationen und einige unregelmäßige Formen

Infinitiv		Präsens	Präteritum	Endungen
1.	ᵛlaga	ᵛlag**ar**	ᵛlag**ade**	**-ade**
2a.	ᵛköra be´höva	kör* be´höv**er**	ᵛkör**de** be´höv**de**	**-de**
2b.	ᵛåka	´åk**er**	ᵛåk**te**	**-te**
3.	bo	bo**r**	ᵛbo**dde**	**-dde**
4.	ᵛfara ᵛäta ᵛbjuda ᵛkomma	far* ´ät**er** ´bjud**er** ´komm**er**	for åt bjöd kom	- - - -
Unregelmäßige Verben				
	gå ᵛgöra	går gör*	gick [j-] ᵛgjorde	

* Verben, deren Stamm auf -r endet, haben keine Präsensendung.

3. Hilfsverben

ha	har	ᵛhade
ᵛvara	är	var
		Ramge §§ 125-133

4. Zeit- und Ortsadverbialien

Die Wochentage

Måndag (Montag...)	tisdag	onsdag	torsdag	fredag	lördag	söndag
in der Zukunft		*på måndag* und so weiter				
in der Vergangenheit:		*i måndags* und so weiter				

Andere Zeitausdrücke:

i förrgår	vorgestern	*i dag* (*idag*)	heute
i går (igår)	gestern	*i morgon (imorron)*	morgen

Wenn Zeit- und Ortsausdrücke in einem Satz vorkommen, steht das Ortsadverbial vor dem Zeitadverbial. Jag ska fiska i Neckar i morgon.

Im Dt.: Ich werde morgen im Neckar fischen gehen

Beispiele:

Vi for till Västerås *i går*. Wir fuhren *gestern* nach Västerås.

De kom hem *klockan ett*. Sie kamen *um eins* nach Hause.

Ramge § 300.2

ÜBUNGEN

A. Präsens und Präteritum

Bilden Sie Sätze aus den Vokabeln! Der Zeitausdruck bestimmt die Zeitform. Beachten Sie die Wortstellung!

Beispiele.: Anders / jobba / i går → Anders jobbade i går.
På fredag / städa / vi → På fredag städar vi.

1. Jag / vara / i Västerås / i tisdags [unreg.] ....
2. På tisdag / jobba / vi [1] ....
3. Vad / göra / du / i lördags? [unreg.] ....
4. På måndag / komma / min kollega [4] ....
5. Nu / grilla / vi / i trädgården [1] ....
6. Resa / du / i morgon? [2b] ....
7. Erik / äta lunch med Anna / på onsdag [4] ....
8. Anna / bjuda på middag / i fredags [4] ....

B. *hem* und *hemma*

Bilden Sie Sätze mit den angegebenen Verben im *Präsens* oder *Präteritum* und der passenden Form von *hem* (nach Hause) und *hemma* (zu Hause)!

Beispiele: jag / vara / på tisdag → Jag är *hemma* på tisdag.
de / åka / i morgon → De åker *hem* i morgon.
vi / köra / i torsdags → Vi körde *hem* i torsdags.

1. jag / fara / i morgon ....
2. han / vara / hela dagen igår ....
3. de / köra / på torsdag ....
4. vi / komma / i fredags ....
5. hon / åka / på måndag ....
6. jag / äta lunch / i förrgår ....
7. hon / fara / kl. 20 i onsdags ....
8. vi / cykla / i söndags ....

C. Wortstellung

Der Zeitausdruck steht am **Anfang** oder **Ende** des Satzes. Lesen Sie den Lektionstext auf Seite 42 und ändern Sie die Stellung der fettgedruckten Zeitausdrücke entsprechend!
Beispiel: *I går* var det måndag. Det var måndag *i går*.

D. Dialogübung

Berätta! - Erzählen Sie!
1. Vad gjorde du i går? ....
2. Var du i stan i onsdags? ....
3. Gick du på bio i måndags? ....
4. När kom du hem i lördags? ....
5. Var du hemma i förrgår? ....

E. Übersetzung ins Schwedische 6

1. Gestern war ich zu Hause.
2. Heute ist Samstag.
3. Ich werde morgen einkaufen.

4. Wir kauften ein neues Fahrrad.
5. Am Montag fahren wir zu meiner Schwester.
6. Letzten Donnerstag besuchte ich die Familie.
7. Am Mittwoch fahren wir nach Stockholm.
8. Am Sonntag kam ich spät nach Hause.
9. Am Dienstag ging ich ins Kino.
10. Was hast du am Freitag gemacht?
11. Am Abend haben wir in einem Restaurant gegessen.

Sämtliche Formen der starken und unregelmäßigen Verben finden sich in der Verbübersicht Seite 209ff!

VOKABELN

A.

se´mester -n	Urlaub
[i] en ^{v}vecka	eine Woche [lang]
be´rätta [1]	erzählen
vad *Relativpron.*	was Relativpronomen
ska[ll] *Präs. von* ^{v}skola [ω:] [unreg.]	werden (sollen...)
i ´går *auch:* igår	gestern
´måndag	Montag
^{v}första ´dagen	der erste Tag
^{v}ledig; vara ^{v}ledig *Adj.*	frei; frei haben
^{v}hemma	zu Hause
^{v}hela ´dagen	den ganzen Tag
i ´dag *auch:* idag	heute
´tisdag	Dienstag
^{v}andra ´dagen	der zweite Tag
^{v}städa [1]	saubermachen, putzen
laga ´mat [1]	Essen zubereiten, kochen
mat -en	Essen
i ^{v}morgon *auch:* imorgon, i morron [ɔ] [ɔ]	morgen
´onsdag [ω]	Mittwoch
då	da; dann *auch:* damals
^{v}handla *intransitives Verb* [1]	einkaufen
^{v}köpa *transitives Verb* [2b]	kaufen

´torsdag [ω:]	Donnerstag
^{v}resa [2b]	reisen
till *Präp.*	zu (Personen)
min *Possessivpron.*	mein
ku´sin -en	Cousine, Cousin
´fredag	Freitag
^{v}hennes *Possessivpron.*	ihr *3. Pers. Sg.*
fa´milj -en	Familie
´lördag	Samstag
^{v}åka [2b]	fahren
^{v}moster -n [ω]	Tante (mütterlicherseits)
´bjuder *Präs. von* ^{v}bjuda [4]	einladen
^{v}bjuda (ngn på ngt)	(jmdn. zu etw.) einladen
´middag -en	Abendessen
´söndag	Sonntag
far *Präs. von* ^{v}fara [4]	fahren; reisen
hem	nach Hause
^{v}börja [1]	anfangen
i´gen	wieder; noch einmal

B.

^{v}efter *Präp.*	nach
kol´leg/a -an [ɔ]	Kolleg/e, -in
be´rätta (för ngn om ngt) [1]	(jmdm. von etw.) erzählen
lat lat *Adj.*	faul
^{v}gjorde [ω:] *Prät. von* ^{v}göra [unreg.]	machte (machen);tat (tun)
inte ^{v}någon´ting *auch*: ^{v}ingen´ting	nichts
stan *Kurzform von* ´staden	die Stadt
åt *Prät. von* ^{v}äta [4]	aßen (essen)
lunch -en	Mittag[essen]
restau´rang -en	Restaurant
vara gift (med)	verheiratet sein (mit)
^{v}deras *Possessivpron.*	ihr *3. Pers.Pl.*
kväll -en	Abend
gick [j-] *Prät. von* gå	gingen (gehen)
gå på ´bio [ω]	ins Kino gehen
´bio -n *von* bio´graf -en [ω]	Kino
till´sammans	zusammen
^{v}grilla [1]	grillen
^{v}allt´så	also

i ´förrgår	vorgestern
till *Präp.*	nach (Ort)
hälsa ´på [1]	besuchen
man ´mannen	Ehemann; Mann
bjöd *Prät. von* ^{v}bjuda [4]	
god [ω:] gott [ɔ] *Adj.*	gut, schmackhaft
^{v}hade *Prät. von* ha [unreg.]	hatten
^{v}väldigt *Adv.*	sehr; *auch:* mächtig, gewaltig
^{v}trevlig *Adj.*	nett; gemütlich
kom *Prät. von* ^{v}komma [4] [ɔ]	kamen
till´baka [till]	zurück [nach, zu]
sent *hier: Adv.*	spät
natt -en; på ´natten	Nacht; in der Nacht, nachts
for [ω:] *Prät. von* ^{v}fara [4]	fuhren (fahren)

LEKTION 7 JONAS GÅR PÅ LOPPMARKNAD MED ANNA

A. Anna är Jonas flickvän. Hon tycker om att gå på loppis. Det finns flera loppmarknader i stan, några är bra och en del är rätt dåliga. Jonas tycker inte om att gå på loppis, men han följer med Anna – det är klart. Det är lördag förmiddag och mycket folk i stan – män och kvinnor, barn och ungdomar.

- Behöver du något? frågar Jonas.

- Det vet jag inte, säger Anna. - Det brukar finnas massor med häftiga grejor här. Jag undrar, om det finns någon liten hylla. En sådan behöver jag på väggen i köket.

De går först till ett stort bord med gamla böcker, klockor och lampor. Det ligger några mattor under bordet. De ser inte rena ut.

- Det är ju bara skräp! Finns det folk som köper sådant här? undrar Jonas.

B. Anna hör inte, vad han säger. Hon är redan vid nästa bord och tittar på några små vita koppar.
- De är trasiga, ser du väl. Jag tycker allt verkar vara trasigt.
- Ja, det är synd att de inte är hela. De är fina, tycker jag, säger Anna. - Sådana koppar skulle jag vilja ha.
De går förbi möblerna – stolar, bord och sängar i alla färger - och kommer till en försäljare som har skivor. Jonas tittar i högarna och hittar fyra gamla Abba-skivor.
- Vad kostar de? frågar han.
- De är inte dyra. Du kan få dem för tjugo kronor stycket, säger försäljaren.
- Du behöver väl inga fler Abba-skivor, säger Anna. - Du har ju redan så många. Jonas funderar inte länge. Han köper skivorna och är glad, för han tycker om Abba. Anna hittar bara en svensk-tysk ordbok som hon köper för trettio kronor och femtio öre.

Många färger - Viele Farben

blå	brun	grå	grön	gul	röd	svart och vit
blau	braun	grau	grün	gelb	rot	schwarz und weiß

UTTRYCK	
gå på ^{v}lopp´marknad (´loppis)	zum Flohmarkt gehen
det är klart	natürlich; das versteht sich von selbst
Det är mycket folk i stan.	Es sind viele Leute in der Stadt.
^{v}häftiga ^{v}grejor	schöne (tolle) Sachen
det ^{v}brukar ^{v}finnas	es gibt meistens
Vad ^{v}kostar det (den)?	Was kostet das?
Vad kostar de?	Was kosten sie?
nästa bord	der nächste Tisch
Det är synd!	[Das ist] schade!
God jul!	Frohe Weihnachten!
Gott nytt år!	Frohes Neues Jahr!

eigtl.: grejer! grejor ist falsch!

GRAMMATIK

1. Deklinationen

Die **en-Wörter** (Utrum) können hauptsächlich in drei Deklinationen vorkommen:

1.1. Die 1. Deklination: -or

en flicka	flickan	två flick**or**	flick**orna**
weitere Beispiele:	hylla, klocka, krona, kvinna, lampa, massa, matta, sjuksköterska, skiva, skola, vecka		

1.2. Die 2. Deklination: -ar

en dag	´dagen	många ˇdag**ar**	ˇdag**arna**
en hund	´hunden	några ˇhund**ar**	ˇhund**arna**
weitere Beispiele:	by, hög, kväll, säng, sjö, stol, ´trädgård, väg, älg, älv		

Bei Substantiven auf **-e, -el, -er** fällt **-e (-e-)** vor der Endung **-ar** weg:

en pojke	pojken	två pojk**ar**	pojk**arna**
en cykel	´cykeln	flera ˇcykl**ar**	ˇcykl**arna**
en syster	systern	tre systr**ar**	systr**arna**
weitere Beispiele:	en timme, en moster		

1.3. Die 3. Deklination: -er

en familj	fa´miljen	många fa´milj**er**	fa´milj**erna**
en katt	´katten	flera ᵛkatt**er**	ᵛkatt**erna**
weitere Beispiele: a´ffisch, bank, färg, klass, ku´sin, mi´nut, vän, (´vännen, ᵛvänner), ᵛdator (Pl. dat´orer), ᵛlägen´het, restau´rang			

Umlaut im Plural:			
en stad	´staden	många ´städ**er**	´städ**erna**
en natt	´natten	flera´nätt**er**	´nätt**erna**
ett land	´land**et**	många´länd**er**	´länd**erna**
Unregelmäßige Formen:			
en bok	´boken	flera ´böck**er**	´böck**erna**
en bror	ᵛbrodern	två ´bröd**er**	´bröd**erna**
			Ramge §§ 28-30

2. Die Adjektivflexion

2.1. Die Adjektivflexion in unbestimmter Form: -, -t, -a

Utrum	Neutrum	Plural	
stor	stor**t**	ᵛstor**a**	groß
lång	lång**t**	ᵛlång**a**	lang
svensk	svensk**t**	ᵛsvensk**a**	schwedisch
brun	brun**t**	ᵛbrun**a**	braun
grön	grön**t**	ᵛgrön**a**	grün
gul	gul**t**	ᵛgul**a**	gelb

2.2 Unregelmäßige Formen

Utrum	Neutrum	Plural	
blå, grå	blå**tt**, grå**tt**	blå[a], grå[a]	blau / grau
bra	bra	bra	gut
gammal	gammalt	^{v}ga**ml**a	alt
glad, röd	gla**tt**, rö**tt**	^{v}glad**a**, ^{v}röd**a**	froh / rot
god [ω:]	go**tt** [ɔ]	^{v}god**a** [ω:]	gut, schmackhaft
liten	lit**et**	**små**	klein
ny	ny**tt**	^{v}ny**a**	neu
svart, kort [ɔ]	svart, kort	^{v}svart**a,** ^{v}kort**a**	schwarz, kurz
vit	vi**tt**	^{v}vit**a**	weiß
			Ramge §§ 48-51

Vgl. die Lektionen 2 und 4.

2.3. Die Adjektivflexion bei den Personalpronomen

Bei den Verben *vara*, *se ut* und *verka* ist das Adjektiv ein Prädikativ und muss kongruent mit dem Genus und dem Numerus des Pronomens flektiert werden. Vgl. Lektion 4.

Jag/du/han/hon/den är **klar**.	(Utrum)	(Ich bin fertig ...usw.)
Det är klar**t**.	(Neutrum)	(Es ist klar.)
Vi/ni/de är klar**a**.	(Plural)	(Wir sind fertig...usw)
		Ramge §§ 48-51, 293

Vgl. die Übersicht S. 214.

ÜBUNGEN

A. En sådan - ett sådant - sådana , sprich: så(da)n, sånt, sånna

Beispiele:

sådan / lampa	En *sådan lampa* skulle jag vilja ha! (So eine Lampe hätte ich gern!)
sådan / bord	Ett *sådant bord* skulle jag vilja ha! (So einen Tisch hätte ich gern!)
sådan / hyllor	*Sådana hyllor* skulle jag vilja ha! (Solche Regale hätte ich gern!)

1. sådan / ordbok ....
2. sådan / stolar ....
3. sådan / jobb (Sg.) ....
4. sådan / kylskåp (Sg.) ....
5. sådan / lampor ....
6. sådan / affisch ....

B. Substantive und Adjektive im Plural (Prädikativ) Vgl. Lektion 4 .

Beispiel: Matta / ny Mattorna är nya.

1. bok / gammal ....
2. klocka / trasig ....
3. kopp / hel ....
4. lampa / liten ....
5. skivor / dålig ....
6. grejor / bra ....
7. dator / ny ....

C. Die Ausdrücke *se ut* oder *verka* + Adjektiv im Singular und im Plural. Vgl. Lektion 4.

Beispiele: Skiva / ny Skivan ser *ny* ut. Skivorna ser *nya* ut.
Skivan verkar *ny*. Skivorna verkar *nya*.

1. Klocka / ovanlig ....

....

2. Cykel / trasig ....

....

3. Pojke / trött ....

....

4. Lägenhet / dyr ....

....

5. Dator / ny ....

....

6. Bok / bra ....

....

D.1. tycka om - mögen **inte tycka om** - nicht mögen

Beispiel: Anna / loppmarknader, men Jonas
Anna tycker om loppmarknader, men Jonas tycker inte om loppmarknader.
auch: ... men det gör inte Jonas.

1. Jonas / ABBA, men Anna ....

....

2. Anna / stora affischer, men Jonas ....

....

3. Eva / gamla böcker, men Per ....

....

D.2. Mit einem Infinitiv

Beispiel: Min kusin / att bo i Ystad, men hennes man
Min kusin *tycker om att bo* i Ystad, men hennes man *tycker inte om att bo* i Ystad.
auch: ... men det gör inte hennes man.

4. Hennes man / att laga mat, men hon ....

....

5. Min kollega / att cykla till jobbet, men jag ....

....

6. Min mamma / grilla i trädgården, men jag ....
....

Vad säger du?

7. Tycker du om loppmarknader? ....
8. Vad tycker du om? ....
9. Vad tycker du inte om? ....

E. Übersetzung ins Schwedische 7

1. Kleine Buchstaben
2. Große Seen
3. Schwedische Städte
4. Deutsche Bücher
5. Neue Fahrräder
6. Schwedische Kronen
7. Ein rotes Haus
8. Im Juni (*I juni*) sind die Nächte kurz (*kort*), und dieTage lang.
9. In Schweden gibt es viele rote Häuser.
10. Die Computer sind nicht gut.
11. Was kostet das? fragte sie.
12. Das ist nicht teuer, sagte der Mann.
13. Wir sind müde.
14. Seid ihr fertig?
15. Sie sind froh.
16. Jetzt bin ich fertig.

VOKABELN

Im Anschluss an das Substantiv werden die Endungen der bestimmten Form Singular (-en/-n, -et/-t) und der unbestimmten Form Plural (-or, -ar, -er, -n, „-“) angegeben. Ist die Pluralform wie in der 5. Deklination mit der Singularform identisch, wird dies durch „-“ bezeichnet. Wenn kein Plural bildbar ist, wird dies durch 0 gekennzeichnet, wie z.B. bei mjölk -en 0 Milch.

A.

^{v}lopp´marknad -en -er [ɔ]	Flohmarkt
^{v}flick´vän -nen -ner	Freundin
´loppis -et -ar [ɔ] *ugs.*	*Kurzform von* loppmarknad
del -en ^{v}-ar; en del	Teil; einige, manche

rätt *Adv.*	recht; ziemlich
^{v}dålig *Adj.*	schlecht
´följer *Präs. von* ^{v}följa [2a]	folgen
följa ´med	begleiten; mitkommen
klar *Adj.*	klar, logisch; fertig
^{v}för´middag -en -ar	Vormittag
folk [ɔ] *in unbest. Form ohne Artikel:*	Leute; Menschen
män *Pl. von* man -nen	Männer
^{v}kvinn/a -an -or	Frau
^{v}ung´domar [ω] *Pl.*	Jugendliche, junge Leute
^{v}något *selbständiges Indefinitpron*	etwas
^{v}fråga [1]	fragen
vet *Präs. von* ^{v}veta,	wissen
´säger *Präs. von* ^{v}säga [unreg.]	sagen
^{v}bruka [1] *oft mit Adv. übersetzt*	gebrauchen pflegen; gewöhnlich; in der Regel
^{v}häftig *Adj.*	heftig
massor med *ugs. Ausdruck*	[sehr] viele
massor med häftiga grejer *ugs.*	viele schöne [tolle] Sachen
^{v}undra [1]; jag undrar om [ɔ]	sich fragen; ich frage mich, ob
^{v}hyll/a -n -or	Regal
^{v}sådan ^{v}sådant ^{v}sådana *Demonstrativpron.*	solch/e -r -s
först	zuerst; erst
´under *Ortspräp.*	unter
ren *Adj.*	rein; sauber
ju	ja; doch
skräp -et 0	Gerümpel; Plunder; Müll
sådant ´här *Demonstrativpron.*	so etwas

B.

^{v}höra *Präs.*: hör [2a]	hören
^{v}redan	schon
^{v}nästa *Adj.*	nächst/e -r -s
^{v}titta (på ngt) [1]	(etwas) anschauen
små *Adj. Pl. von* ^{v}liten	kleine
kopp -en ^{v}-ar [ɔ]	Tasse
^{v}trasig *Adj.*	kaputt
ser *Präs. von* se [unreg.]	sehen

väl	wohl
^{v}tycka [2b]	finden, meinen
all allt ^{v}alla *Indefinitpron.*	all all/e -r -s
^{v}verka [1]	wirken, scheinen
synd	schade
att *Konj.*	dass
hel *Adj.*	ganz
skulle jag vilja ´ha	hätte ich gerne
för´bi *Präp.*	an vorbei . (an etw. vorbei 2B)
´möbler *Pl.*	Möbel
färg -en ^{v}-er	Farbe
för´säljare -n -	Verkäufer
^{v}skiv/a -an -or	Schallplatte
hög -en ^{v}-ar	Stapel, Stoß, Haufen
^{v}hitta [1]	finden
^{v}kosta [ɔ] [1]	kosten
kan *Präs. von* ^{v}kunna [unreg.]	können
få [unreg.]	bekommen; erhalten
dem *Personalpron. 3. Pers. Pl. Objektsform*	ihnen, sie (Objektform 3.P. Pl.)
för *Präp.*	für
^{v}stycke -t -n	Stück
inga ´fler / ^{v}flera	keine mehr
fun´dera [1]	nachdenken, überlegen
^{v}länge	lange
glad glatt ^{v}glada *Adj.*	froh; glücklich
för *Konj.*	denn
^{v}ord´bok -en, ^{v}ord´böcker [ω:]	Wörterbuch
öre -t - *auch*: -n	Öre

Vokabeln im Grammatikteil und in den Übungen

blå blått blå *Adj.*	blau
grå grått grå *Adj.*	grau
grön *Adj*	grün
gul *Adj*	gelb
kort kort ^{v}korta [ɔ] *Adj.*	kurz

LEKTION 8 NÅGRA KORTA BREV, ETT VYKORT OCH ETT MEJL

A.

Hej Maja! 4.2.2005

Jag fick ditt meddelande i morse! Tack för frimärkena! Du får pengar när vi ses. Ska vi gå ut och äta lunch tillsammans den här veckan? De har en mycket bra „Dagens rätt“ på ett nytt matställe på Storgatan. Jag hör av mig!

Annika

***

B.

Hejsan Erik! Uppsala den 15 juli 2004

Förlåt, att jag inte kom i går! Jag var i Stockholm och missade tåget hem. Jag var i stan för att köpa ett nytt skrivbord och det tog tid. Jag gick till den där affären, som du talade om, men den hade inte öppet.

Jag kan inte komma nästa vecka, därför att jag flyttar till en ny lägenhet på två rum och kök. Ha det så bra! Vi hörs!

Hälsningar Per

***

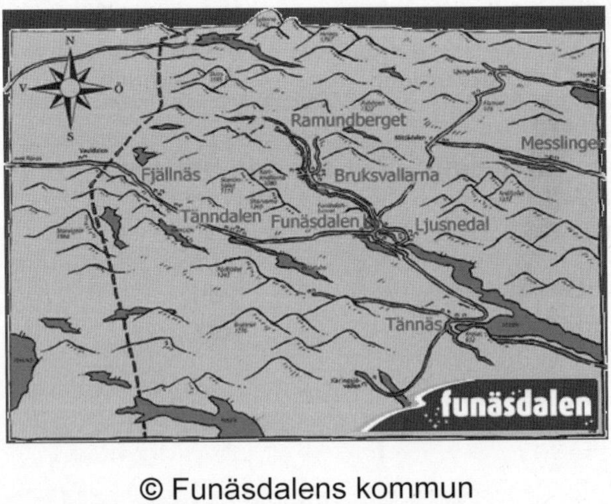

C.

Funäsdalen 990316

Hej mamma!

Nu är vi i Funäsdalen. Det här hotellet är mycket trevligt. Rummet är också bra. Just nu är det jättefint väder och vi har mycket snö. Om en stund tänker vi åka skidor med några av killarna och tjejerna som bor här. Sedan tänkte vi gå i bastun. Härligt!

Kram! Ida och Laura

***

D.

Hej!

Jag kom på en sak. Du har kanske Kalles e-postadress? Jag behöver den, för jag måste mejla till honom att jag inte kan komma på onsdag. Vi skulle ju åka till Stockholm på en match, men nu ser jag att jag måste jobba då. Tack för hjälpen!

Vi ses väl snart? Det var länge sedan vi var ute och tog en öl tillsammans! Hej så länge!

Magnus

***

UTTRYCK

Tack för brevet (fotot)!	Danke für den Brief (das Foto)!
Ska vi gå ut och äta [lunch]?	Wollen wir [zu Mittag] essen gehen?
Ska vi gå ut och ta en öl?	Wollen wir einen trinken gehen?
Jag hör ´av mig.	Ich lasse von mir hören.
Det tar tid.	Es dauert (braucht Zeit).
Det tar ett år.	Es dauert ein Jahr.
om en stund	in einer Weile; gleich
Affären har öppet.	Das Geschäft hat auf.
Vi hörs!	Wir hören von einander!
Vi tänker åka skidor.	Wir wollen Ski fahren. (planen)
Jag kom ´på en sak.	Mir fiel etwas ein.
Vi ses väl snart?	Wir sehen uns wohl bald?
Det var länge sedan.	Es ist lange her.

GRAMMATIK

1. Deklinationen

Die neutralen Substantive verteilen sich hauptsächlich auf zwei Deklinationen:

1.1. Die 4. Deklination: -n

ett äpple	^{v}äpplet	två ^{v}äpple**n**	^{v}äpplen**a**
weitere Beispiele: ´foto, ^{v}fri´märke, ^{v}med´delande, ^{v}ställe, ^{v}stycke			

1.2. Die 5. Deklination: keine Endung (vgl. Lektion 5):

ett hus		´huset	två hus	´hus**en**
weitere Beispiele:	barn, berg, bord, brev, dygn, ho´tell, jobb, kök, ^{v}land´skap, mejl, rum, skåp, språk, tak, ^{v}vy´kort, år			
Substant. auf *-er*:	ett ´fönster ett ´nummer	´fönstret ´numret	tre ´fönster två ´nummer	´fönstr**en** ´numr**en**

1.3. En-Wörter auf -are (vgl. Lektion 5):

en ^{v}lärare	^{v}läraren	två ^{v}lärare	**aber:** ^{v}lärar**na**
weitere Beispiele: för´säljare, ^{v}in´vånare, ^{v}källare Ramge §§ 31, 32			

2. Demonstrativpronomen *den ´här – den ´där*

Utrum	Neutrum	Plural
den här/den där	det här/det där	de här/de där
den ´här boken	det ´här brevet	de ´här böckerna
den ´där läraren	det ´där fotot	de ´där meddelandena

Demonstrativpronomen heben hervor. Die Betonung liegt immer auf dem zweiten Glied: Den ´här bilen, inte den ´där. - Dieses Auto, nicht das da.

3. Ordnungszahlen

1 första	7 sjunde	13 trettonde	19 nittonde
2 andra	8 åttonde	14 fjortonde	20 tjugonde
3 tredje	9 nionde	15 femtonde	21 tjugoförsta
4 fjärde	10 tionde	16 sextonde	30 trettionde
5 femte	11 elfte	17 sjuttonde	31 trettioförsta
6 sjätte	12 tolfte	18 artonde	...

När är du född? wann bist du geboren Kann man auch so schreiben und sprechen:	Jag är född den nionde mars nittonhundraåttiofem. 09.03.85: den nionde i tredje åttiofem
När är barnet fött? Die Jahreszahl kann auch zuerst geschrieben werden:	Det är fött den elfte maj tjugohundrasex 060511: den elfte i femte tjugohundrasex

Ramge §§ 60, 62-63

4. Das Interrogativpronomen *vilken, vilket, vilka* (welch/er/e/es; was für ein)

Nach *vilken, vilket, vilka* steht das Substantiv in der *unbestimmten* Form.

Vilken dag är det i dag?	(Was für ein Tag ist heute?)	- Det är onsdag.
Vilket datum är det i dag?	(Was für ein Datum ist heute?)	- Det är den tionde januari.
Vilka dagar är du ledig?	(An welchen Tagen hast du frei?)	- Jag är ledig onsdag och torsdag.

Ramge § 94

ÜBUNGEN

A. Bilden Sie Fragen und Antworten mit Substantiven und Adjektiven im Plural und Verstärkung mit *mycket*!

Beispiel:

äpple / god → Är *äpplena* goda? – Ja, de är *mycket* goda.
(Sind die Äpfel gut? – Ja, sie sind sehr gut.)

1. frimärke / fin ....
2. rum / bra ....
3. barn / glad ....
4. berg / hög ....
5. foto / gammal ....
6. tjej / trevlig ....
7. källare / stor ....
8. jobb / bra ....
9. skiva / billig ....

B. Die Demonstrativpronomen *den här, det här, de här*

Verbinden Sie die Substantive mit der entsprechenden Form des Demonstrativpronomens. Denken Sie daran, dass nach *den här* und *den där* usw. immer die *bestimmte Form* des Substantivs steht!

Beispiele:

i / brev (Sg.)	i det här brevet	(in diesem Brief)
på / stolar	på de här stolarna	(auf diesen Stühlen)

1. i / hus (Sg. + Pl.) ....
2. i / meddelanden ....
3. på / foton ....
4. med / lärare (Pl.) ....
5. på / affisch ....
6. i / land (Sg.+ Pl.) ....

7. mellan / sjöar ....
8. i / trädgård ....
9. från / städer ....
10. på / ställe ....
11. vid / berg (Sg.) ....
12. mellan / fönster (Pl.) ....

C. Die Demonstrativpronomen *den där, det där, de där*
Einen Vorschlag machen mit:
Ska vi + Verb im Infinitiv + *den där* [*det där, de där*]?

Beispiele:

ta/buss?	Ska vi ta den där bussen? (Wollen wir den Bus da [drüben] nehmen?)
köpa/skidor?	Ska vi köpa de där skidorna? (Wollen wir die Skier da [drüben] kaufen?)

1. fråga / kille? ....
2. titta på / böcker? ....
3. se / match? ....
4. köra / väg? ....
5. gå på / kafé? ....
6. ta / tåg (Sg.)? ....

D. Die Interrogativpronomen *vilken vilket vilka*
Ergänzen Sie die Sätze mit *vilken, vilket, vilka* und übersetzen Sie sie ins Deutsche!

Beispiele:

............dag kommer du?	*Vilken* dag kommer du? (An welchem Tag kommst du?)
...........skidor tar du?	*Vilka* skidor tar du? (Welche Skier nimmst du?)

1. .... år var det? (Sg.) ....
2. .... dagar är du ledig? ....

3. .... telefonnummer (Sg.) behöver du? ....

4. .... match ska ni gå på? ....

5. .... matställe ska vi gå på? ....

6. .... foton skulle du vilja ha? ....

7. .... tjej ska du mejla till? ....

E. Mitteilungen schreiben

E.1. Ergänzen Sie die Sätze mit eigenen Worten!

1. Jag kan inte ...., därför att ....
2. Jag kommer först kl. tio, därför att ....
3. Jag kunde inte ...., eftersom ....
4. Ska vi gå på bio (Zeitausdruck:) ....?

   Det går en ....
5. .... vi inte gå ut (Zeitausdruck:) ....

   och ta en öl?

E.2. Vilket meddelande skrev Maja till Annika?
(Welche Mitteilung schrieb Maja an Annika?)
Formulieren Sie die Mitteilung mit Hilfe der folgenden Vokabeln:

Hej Annika! Skulle / vilja ha / någon / frimärke? Jag / köpa / frimärke / i stan /igår Nu / finnas / det / ny / fin / frimärke. Du / behöva / kanske / någon? Hälsningar Maja

E.3. Sie haben eine neue Handynummer (*mobilnummer*). Teilen Sie dies in einer E-Mail mit!

* * *

Hej Gunilla!

Ulf skulle klippa sig kl. 12.00 på torsdag.

Går det bra att vi kommer kl. 13.00 istället? Annars får du säga till.

MVH

Ulf o. Birgitta

F. Übersetzung ins Schwedische 8

1. *An* welchen Tagen habt ihr frei? *(ohne Präposition)*
2. Was für einen Tag haben wir heute?
3. Wann sind die Kinder geboren?
4. Wollen wir morgen essen gehen?
5. Was für Kinder sind das?
6. Welche Adresse brauchst du?
7. In welcher Sprache?
8. Es dauerte nur zwei Stunden.
9. Die Geschäfte haben jeden Tag auf.
10. Wir haben vor, gleich in die Stadt zu fahren.

VOKABELN

A.

brev -et -	Brief
^{v}vy´kort -et -[ω]	Ansichtskarte
mejl -et -	E-Mail
hej, *ugs.*:´hejsan	Guten Tag; Hallo
fick *Prät. von* få [unreg.]	bekommen
ditt *Possessivpron.*	dein
^{v}med´delande -t -n	Mitteilung
i ^{v}morse [ɔ]	heute Morgen
tack (för)	danke (für)
^{v}fri´märke -t -n	Briefmarke
´pengar *Pl.*	Geld

när *Konj.*	wenn, als
gå ´ut och äta [lunch]	[zu Mittag] essen gehen
den ´här ^{v}veckan	diese Woche, in dieser Woche
dagens rätt	Tagesgericht, Mittagstisch
^{v}mat´ställe -t -n	Gaststätte
höra ´av sig [2a] *Reflexives Verb*	von sich hören lassen
mig *Personalpron.; Reflexivpron.*	mir, mich Personal+Reflexivpronom

B.

för´låt!	Entschuldigung! Verzeihung!
kom *Prät. von* ^{v}komma [ɔ] [4]	kommen
^{v}missa [1]	verpassen
tåg -et -	Zug
för att *Konj.*	um zu
tog [ω:] *Prät. von* ta *Präs.*: tar [4]	nehmen
tid -en ^{v}-er	Zeit
ta tid [4]	dauern; Zeit brauchen
den, det, de ´där *Demonstrativpron.*	der/die/das [dort]
af´fär -en -er	Geschäft
^{v}tala (om ngt) [ɔ] [1]	(etwas) erwähnen; (über etwas) sprechen
ha ^{v}öppet	geöffnet haben, auf haben
nästa vecka	nächste Woche, in der nächsten Woche
^{v}därför ´att *Konj.*	weil
^{v}flytta [1]	umziehen
vi ´hörs	wir hören voneinander
^{v}hälsning -en -ar	Gruß

C.

den, det, de ´här *Demonstrativpron.*	dies/e-r-s *hier*: das [hier]
ho´tell -et - [ɔ]	Hotel
^{v}jätte´fin *Adj. ugs.*	sehr schön o. super
´väd/er -ret 0	Wetter
snö -n 0	Schnee
stund -en ^{v}-er	Weile
om en stund [ɔ]	in einer Weile; bald, gleich
^{v}tänka *zusammen mit Inf.* [2b]	vorhaben, beabsichtigen
^{v}skid/a -an -or	Ski
åka ^{v}skidor [2b]	Ski laufen

^{v}kill/e -en -ar [k-] *ugs.*	Junge *auch:* Mann
tjej -en ^{v}-er *ugs.*	Mädchen *auch:* Frau
^{v}sedan *oft* [senn] *gesprochen*	dann; nachher
^{v}bastu -n -r	Sauna
^{v}härlig *Adj.*	herrlich, wunderbar
kram -en ^{v}-ar	Umarmung

D.

^{v}komma ´på en sak [ɔ] [4]	es fällt einem etwas ein
a´dress -en -er	Adresse
^{v}e-posta´dress -en -er [ɔ]	E-Mail-Adresse
^{v}måste *Präs. von* ^{v}måsta [unreg.]	müssen
^{v}mejla (till ngn) [1]	(jmdm.) eine Mail schreiben
^{v}honom [ɔ] *Personalpron., Objektsform*	ihm, ihn Personalpronom, Objektsform
^{v}skulle *Prät. von* ^{v}skola [ω:] [unreg.]	*hier:* wollte /Sollte
match - en ^{v}-er	Wettkampf, Spiel
hjälp -en 0	Hilfe
snart	bald
det var ^{v}länge sedan	es ist lange her
vara [unreg.] ^{v}ute och ta [4] en öl	ausgehen und einen trinken
öl -´et *auch:* -´en 0	Bier

Vokabeln im Grammatikteil und in den Übungen:

^{v}ställe -t -n	Stelle; Platz; Ort
född, fött, ^{v}födda *Partizip Perfekt als Adj.*	geboren
´vilken, ´vilket, ^{v}vilka *Interrogativpron.*	welch/e -r -s; was für ein
^{v}datum -et -	Datum
hög *Adj.*	hoch; laut
^{v}billig *Adj.*	billig
buss -en ^{v}-ar	Bus
kafé/café -et -er	Café
^{v}kunde *Prät.* von ^{v}kunna [unreg.]	konnte
eftersom [ɔ] *Konj.*	da, weil
skrev *Prät. von* ^{v}skriva (4)	schreiben
^{v}klippa sig [2b] *Reflexives Verb*	sich die Haare schneiden
i^{v}stället	stattdessen
^{v}annars	sonst
säga ´till [unreg.]	Bescheid sagen
MVH = med ^{v}vänliga ^{v}hälsningar	mit freundlichen Grüßen (MFG)

LEKTION 9 KAN DU HJÄLPA MIG?

- Hej Lars! Hur mår du?
- Hej! Tack bra!
- Kan du hjälpa oss med en sak?
- Nej, tyvärr, det kan jag inte. Jag hinner inte hjälpa er just nu. Jag måste skynda mig till busshållplatsen.
- Vi tänkte prata med dig om tentamen nästa vecka. Kanske du hinner i kväll?
- Nej, tyvärr. Elin skriver en uppsats. Jag ska hjälpa henne. Ni kan väl höra av er i morgon?
- I morgon bitti kunde vi kanske komma till dig?
- Nej, då ska jag jobba. Ni kan väl ringa mig eller e-posta...
- Men i morgon kväll har du väl tid?
- Då tänker jag spela fotboll. Men det ordnar sig nog, vi kan väl prata om det efter träningen i morgon. Den kommer nog att sluta klockan halv tio.
- Ja, då har vi inte tid. Du kanske inte vill hjälpa oss?
- Jovisst, vill jag det, men jag har så mycket att göra jämt och så ska jag med bussen till stan. Den går om en liten stund.
- Ja, hej då! Vi tänker inte be dig om hjälp igen.
- Nej, men så menade jag det inte... Titta, där gick bussen! Vad var det ni ville ha hjälp med?

UTTRYCK	
Jag måste skynda mig.	Ich muss mich beeilen.
Du kan väl ringa mig?	Kannst du mich nicht anrufen?
Har du tid i morgon?	Hast du morgen Zeit?
inte ha tid	keine Zeit haben
Det ordnar sig.	Das kriegen wir hin. Das geht in Ordnung.
Jag ska med bussen.	Ich muss zum Bus. Ich fahre mit dem Bus.
Jag ska åka buss till stan.	Ich fahre mit dem Bus in die Stadt.
Bussen går om en [liten] stund.	Der Bus fährt gleich.
Det går en bra film på bio.	Es läuft ein guter Film im Kino.

GRAMMATIK

1. Personalpronomen im Objektsfall

Singular			Plural		
Subjektsform		Objektsform	Subjektsform		Objektsform
1.	jag	mig	1.	vi	oss
2.	du	dig	2.	ni	er
3.	han	honom	3.	de	dem
	hon	henne			
	den	den	Siehe auch Lektion 3!		
	det	det			Ramge §§ 67, 68

2. Reflexivpronomen und reflexive Verben

Reflexivpronomen beziehen sich auf das Subjekt. In der 1. und 2. Person verwendet man die Objektsformen des Personalpronomens. In der 3. Person wird überall *sig* verwendet.

jag lär mig	ich lerne
vi lär oss	wir lernen
du skyndar dig	du beeilst dich
han/hon skyndar **sig**	er/sie beeilt sich
ni hör av er	ihr lasst von euch hören
de hör av **sig**	sie lassen von sich hören
	Ramge §§ 72, 188, 189

Andere reflexive Verben:
sätta sig (sich setzen)
lägga sig (sich legen)
gå och lägga sig (zu Bett gehen)
klippa sig (sich die Haare schneiden lassen)

3. Modalverben stehen ohne *att* vor dem Infinitiv

Infinitiv	Präsens	Präteritum	Ausdruck von:
kunna	kan	kunde	Möglichkeit, Fähigkeit
måsta	måste	måste	Pflicht, Notwendigkeit
skola	ska[ll]	skulle	Absicht, Pflicht, Wahrscheinlichkeit
vilja	vill	ville	Wunsch, Wille
			Ramge §§ 123.3, 143, 168-177

Die Form *skulle* kann auch Höflichkeit, Zweifel, Unsicherheit oder einen Vorschlag ausdrücken (vgl. Ramge §§ 175.3 h-k, 175.5); *ska/skulle* steht oft ohne Verb der Bewegung: Han ska med bussen (Er fährt mit dem Bus.). Jag ska hem (Ich gehe nach Hause./Ich muss nach Hause [gehen].).

4. Modalähnliche Verben stehen auch ohne *att* vor dem Infinitiv

Infinitiv	Präsens	Präteritum	
behöva [2a]	behöver	behövde	brauchen, Bedarf haben
bruka [1]	brukar	brukade	pflegen, (Gewohnheit ausdrücken)
börja [1]	börjar	började	beginnen, anfangen
få *unreg*	får	fick	dürfen; müssen (Erlaubnis; Aufforderung)
hinna [4]	hinner	hann	Zeit haben
låta [4]	låter	lät	lassen
sluta [1]	slutar	slutade	aufhören
tänka [2b]	tänker	tänkte	vorhaben (Absicht ausdrücken)
			Ramge § 178

5. Futur

ska + Infinitiv	Jag *ska hjälpa* henne. Då *ska* jag *jobba.* *Det ska bli* fint väder i morgon.
kommer att + Infinitiv	Träningen *kommer att sluta* klockan tio. De *kommer att spela* matchen nästa vecka. Det *kommer att bli* fint väder i morgon.
tänker + Infinitiv	Jag *tänker spela* fotboll i morgon kväll.
Zeitausdruck der Zukunft + Präsens	Bussen *går* om *en liten stund.* Ramge §§ 141, 142

***kommer att* + Infinitiv** drückt meistens keine eigene Meinung des Subjekts aus, sondern ist eine Wiedergabe anderer Aussagen oder eine Voraussage (z.B. über das Wetter). In solchen Fällen kann auch ***ska* + Infinitiv** verwendet werden.

6. Einige Zeitausdrücke mit Bezug zur aktuellen Sprechzeit

i går *gestern*	i dag *heute*	i morgon [bitti] *morgen [früh]*
i förrgår *vorgestern*		i morgon kväll *morgen abend*
i kväll *heute abend*		i eftermiddag *heute nachmittag*
i morse *heute morgen*		i morgon eftermiddag *morgen nachmittag*
förra veckan *letzte Woche*		den här veckan *diese Woche (in dieser Woche)*
nästa vecka *nächste Woche*		om en [liten] stund *in einer [kurzen] Weile, gleich*

Vgl. auch Lektion 6.

ÜBUNGEN

A. Setzen Sie die passende Objektsform des Personalpronomens ein!

1. Ni kan fråga (de) .... 2. Jag behöver (den) ....
3. Han hjälper (jag) .... 4. De vill prata med (han) ....
5. Vi vill spela med (ni) .... 6. De åker med (vi) ....
7. Bor de hos (du) ....? 8. Han bjuder (hon) ....
9. Jag ser (det) .... 10. De kommer till (ni) ....

B. Setzen Sie die richtigen Formen der Reflexivpronomen ein!

1. Han lärde .... svenska.
2. Vi hör av .... i morgon.
3. Vem lär .... svenska?
4. Ni måste skynda ....!
5. Hör du av .... nästa vecka?
6. I morse skyndade jag .... till bussen.
7. Vi sätter .... här vid fönstret.
8. Han la .... på sängen.
9. Hon satte .... i bilen.
10. De går och lägger .... klockan elva.

C. Übersetzen Sie die folgenden Sätze ins Deutsche!

1. Du **kan låna** cykeln. ....
2. Min bror **kan tala** svenska. ....
3. Efter jobbet **måste** jag **handla**. ....
4. **Ska** Eva **åka** till Malmö på fredag? ....
5. Det **ska bli** dåligt väder i morgon. ....
6. **Ska** vi grilla korvarna? ....

7. Jag **vill ha** en ny dator, men jag har inga pengar.

....

8. Jag **vill lära mig** svenska. ....

9. Vi **ska** till Paris nästa vecka. ....

D. Übersetzen Sie ins Deutsche!

1. **Behöver** du hjälp? ....
2. Du **måste** komma på lördag. ....
3. Du **behöver** inte komma på lördag. ....
4. När **tänker** ni gå på bio? ....
5. Vi **låter** bilen stå här. ....
6. **Får** man röka här? ....
7. Nu **får** du sluta! ....
8. Jag **hinner** inte gå på posten idag. ....
9. Vad **tänker** du göra i kväll? ....
10. De **börjar** jobba i morgon. ....
11. Han **slutar** arbeta klockan fem. ....
12. Lena **brukar** lyssna på klassisk musik. ....

E.1. Setzen Sie die richtigen Formen der Verben ein!
Beachten Sie, dass nur eine Verbform im Satz flektiert wird.
Beispiel: Jag *går* nu. **aber:** Jag *tänker gå* nu.

Verb im Präsens	**Zweiverbkonstruktion**
ser	1. Tänker du .... filmen i kväll?
brukar	2. .... ni grilla i trädgården?
reser	3. När vill du ....?
lånar	4. Får han .... cykeln?
köper	5. Hon ska .... en ny mobil.
dricker	6. Jag brukar .... kaffe efter lunchen.
kör	7. Vi ska .... till stan.
tänker	8. När .... du resa till Sverige?
äter	9. När ska vi ....?
åker	10. Vi tänker .... hem nu.

E.2. Setzen Sie dann die Sätze ins Präteritum!

F. Wie formuliert man direkte Fragen in den folgenden Situationen?

1. Kalle fragt seine Mutter, ob er ins Kino gehen darf. (få) ....
   ....
2. Ich will wissen, was Pia morgen vorhat. (tänka) ....
   ....
3. Eva möchte Pias Auto leihen. (få / bilen) ....
   ....
4. Ich will wissen, ob jemand Tee oder Kaffee zum Frühstück trinkt. (bruka / dricka / till frukost)
   ....
5. Ich will wissen, wann wir anfangen zu arbeiten. (börja) ....
   ....
6. Ich will wissen, wann jemand gehen muss. (måsta) ....
   ....
7. Ich will wissen, wie das Wetter morgen wird. (komma att) ....
   ....
8. Ich will wissen, ob Erik Zeit hat, mir zu helfen. (hinna) ....
   ....
9. Ich will wissen, ob die Jungen gewöhnlich Fußball spielen. (bruka)
   ....
10. Ich möchte zwei Personen auffordern, sich zu beeilen. (kunna) .....
   ....
11. Ich will wissen, ob das Wetter meistens so schlecht ist. (så ´här) (bruka)
   ....
12. Ich möchte zwei Personen auffordern, mitzukommen. (vilja) ....
   ....

G. Ergänzen Sie Modalverben und modalähnliche Verben in der Übung aus der folgenden Reihe:

behöva få kunna måsta skola vilja

Es kann in einigen Fällen zwischen zwei Verben gewählt werden.

Erik:	Mamma, jag .... pengar.
Mamma:	Vad .... du dem till?
Erik:	Jag .... gå på bio i eftermiddag.
Mamma:	Nej, det .... du inte idag. Kanske nästa vecka.
Erik:	Men jag .... se filmen!
Mamma:	Du .... inte se den den här veckan.
Erik:	Men alla mina kompisar .... se den!

Skriv en fortsättning! - Schreiben Sie eine Fortsetzung!

H. Übersetzung ins Schwedische 9

1. Darf man hier Fußball spielen?
2. Jetzt habe ich keine Zeit, ihn anzurufen.
3. Ich habe vor Schwedisch zu lernen.
4. Was habt ihr morgen Abend vor?
5. Sie brauchen diese Woche nicht zu kommen.
6. Wir können uns in der Stadt sehen. Was meinst du?
7. Heute morgen *habe* ich nichts *gegessen.* (Mit Präteritum übersetzen!)
8. Morgen früh werden wir um sieben Uhr *frühstücken (= äta frukost*).
9. Ich *hätte gerne* eine Tasse Kaffee. (*skulle vilja ha*)
10. Wir müssen uns beeilen, wir dürfen nicht *zu* (*för*) spät kommen.
11. Wollen wir ins Kino gehen?
12. Wollen wir nicht nach Stockholm fahren?

VOKABELN

ᵛhjälpa [2b]	helfen
Hur ´mår du?	Wie geht es dir / Ihnen?
Tack ´bra!	Danke, gut!
oss [ɔ] *Personalpron., Reflexivpron.*	uns

sak -en ^{v}-er	Sache; *hier*: etwas
ty´värr	leider
^{v}hinna ´hinner hann [4]	Zeit haben
er *Personalpron., Reflexivpron.*	euch
^{v}skynda sig [1]	sich beeilen
^{v}busshåll´plats -en -er	Bushaltestelle
^{v}prata (om ngt) [1]	sich (über etwas) unterhalten
(en) ten´tamen *Best. Form Sg.* = *Pl.* ten´tamina *Best.Form Pl.* =	schriftliche od. mündliche Prüfung
i ´kväll	heute Abend
^{v}skriva, ´skriver skrev [4]	schreiben
^{v}upp´sats -en -er	Aufsatz; Hausarbeit
^{v}henne *Personalpron, Objektsform*	ihr; sie *3. Pers. Sg.*
i ^{v}morgon ´bitti [ɔ] [ɔ]	morgen früh
^{v}kan´ske [ɧ]	vielleicht
dig *Personalpron.; Reflexivpron.*	dir; dich
^{v}ringa [2a]; ringa (ngn)	anrufen; (jmdn.) anrufen
^{v}e-´posta [1] [ɔ]	mailen
i ^{v}morgon ´kväll [ɔ] [ɔ]	morgen Abend
^{v}spela [1]	spielen
^{v}fot´boll -en -ar [ω:] [ɔ]	Fußball
^{v}ordna sig [o:] [1]	sich regeln
nog [ω:]	sicher, wohl
^{v}träning -en 0	Training
^{v}kommer att [ɔ] [4] *zusammen mit Inf.*	werden
^{v}sluta [1]	aufhören, zu Ende sein
jo´visst [ω] *Interjektion*	gewiss; doch
^{v}vilja vill ^{v}ville [unreg.] *Modalverb*	wollen
ha ^{v}mycket att göra	viel zu tun haben
jämt	immer; ständig
så	so; dann
hej då!	Wiedersehen, Tschüs
be ber bad [unreg.]	bitten
´be (om ngt)	(um etwas) bitten
^{v}mena [1]	meinen
^{v}Titta! [1]	Schau mal!

Vokabeln im Grammatikteil und in den Übungen

^{v}lära sig *Präs.*: lär [2a]	lernen
^{v}lägga ´lägger la[de] sig [unreg.] *Reflexiv.Verb*	sich [hin]legen
gå och ^{v}lägga sig *Reflexives Verb*	zu Bett gehen
^{v}sätta ´sätter ^{v}satte sig [unreg.] *Reflexiv. Verb*	sich [hin]setzen
^{v}kunna kan ^{v}kunde [unreg.] *Modalverb*	können
^{v}skola [ω:] ska(ll) ^{v}skulle [unreg.] *Modalverb*	werden; sollen; wollen
^{v}låta ´låter lät [4]	lassen
bli blir blev [4]	werden; sein
i ^{v}efter´middag	heute nachmittag (Zukunft)
i morgon ^{v}efter´middag [ɔ] [ɔ]	morgen Nachmittag
[i] ^{v}förra ^{v}veckan	vorige / letzte Woche
^{v}låna [1]	leihen; ausleihen
korv -en ^{v}-ar [ɔ]	Würstchen; Wurst
^{v}röka [2b]	rauchen
post -en 0; gå på posten [ɔ]	Post(amt); zur Post gehen
lyssna (på ngt) [1]	(etwas) [zu]hören
´klassisk *Adj.*	klassisch
mu´sik -en 0	Musik
film -en ^{v}-er	Film
mo´bil -en -er; mo^{v}biltele´fon -en er [ω] [o:]	Handy
´dricker *Präs. von* ^{v}dricka drack [4]	trinken
te -et 0	Tee
^{v}kaffe -t 0	Kaffee
´frukost -en -ar [ɔ]	Frühstück
till frukost [ɔ]	zum Frühstück
Vad ... till?	Wozu? wofür?
^{v}mina *Possessivpron. Pl.*	meine
kompis -en -ar [ɔ] *ugs.*	Freund(in); Kumpel
^{v}fort´sättning -en ar [ω]	Fortsetzung

LEKTION 10 UPPLYSNINGAR

A.

- Förlåt, hur kommer jag till posten?
- Det är inte långt dit. Gå den här gatan fram till trafikljuset och sedan till vänster! Först kommer det en liten park och bakom den ligger posten.
- Tack för hjälpen!

***

B.

- Ursäkta, finns det någon turistbyrå här i stan?
- Javisst, den ligger nere vid hamnen. Men det är långt härifrån.
- Det var synd! Hur länge har den öppet?
- Det vet jag inte, men jag tror, att den har öppet till klockan fem.
- Hur långt är det dit?
- Det tar nog en kvart eller tjugo minuter att gå.
- Går det någon buss?
- Ett ögonblick! Jag måste tänka efter. - Titta, där på andra sidan gatan bredvid kiosken! Där är en busshållplats. Ta buss nummer tre där borta! Den går var femtonde minut och stannar utanför turistbyrån.
- Tack så mycket, det var snällt!

***

C.

- Finns det något bra matställe eller kafé här i närheten?
- Ja, det finns flera bra matställen här. Där på torget finns det ett. Det ligger också ett trevligt kafé här på hörnet, där det inte är dyrt att äta. Jag tycker att de har goda smörgåsar.
- Tack för upplysningen!

***

D.

- Hur ska jag köra, för att komma till stationen?
- Kör rakt fram till korsningen där borta! Ta till vänster och kör förbi parken, där biblioteket ligger! Kör några hundra meter fram till en stor bensinstation, som ligger på vänster sida! Mitt emot den ligger det en biograf. Ta till höger där och följ vägen rakt fram till stationen! Du kan inte missa den, den ligger på höger sida.
- Kan man parkera där?
- Ja, det finns många parkeringsplatser framför stationen.
- Tack så mycket!

UTTRYCK	
fram till	bis nach (zu)
till vänster – till höger	nach links – nach rechts
Det var synd.	Schade!
Hur länge?	Wie lange?
Det vet jag inte.	Das weiß ich nicht.
Hur kommer jag dit?	Wie komme ich dorthin?
på andra sidan gatan	auf der anderen Seite der Straße
Ta buss nummer tre!	Nehmen Sie den Bus Nummer drei!
var femtonde minut	alle fünfzehn Minuten
Tack så mycket, det var snällt!	Vielen Dank, das ist sehr freundlich!
Tack för upplysningen!	Danke für die Auskunft!
Gå rakt fram!	Gehen Sie gerade aus!
Ta till vänster (höger)!	Links (rechts) abbiegen!
på vänster sida – på höger sida	auf der linken Seite – auf der rechten Seite
mitt emot parken	dem Park gegenüber
Sväng [till] höger (vänster)!	Rechts (links) abbiegen!
på torget; vid torget	auf dem Markt; am Markt

GRAMMATIK

1. Der Imperativ

In der **ersten** und **dritten** Konjugation ist die Imperativform identisch mit dem Infinitiv. In der **zweiten** und **vierten** ist die Imperativform gleich der Stammform, d.h. ohne Infinitivendung **-a.**

Im Schwedischen gibt es nur *eine* Form des Imperativs für Singular und Plural: Läs boken! - Lies/Lest/Lesen Sie das Buch!

Infinitiv		**Imperativ**	**Beispiel**	
1.	att tala	tala!	Tala svenska!	Sprich Schwedisch!
	att öppna	öppna!	Öppna dörren!	Öffnen Sie die Tür!
2a.	att stäng/a	stäng!	Stäng fönstret!	Schließ das Fenster!
	att kör/a	kör!	Kör tillbaka!	Fahrt zurück!
	att lär/a sig	lär dig! (er)	Lär dig/er svenska!	Lerne/Lernt Schwedisch!
2b.	att läs/a	läs!	Läs boken!	Lies das Buch!
	att köp/a	köp!	Köp en tidning!	Kauf eine Zeitung!
3.	att tro	tro!	Tro inte på det!	Glauben Sie das nicht!
4.	att ät/a	ät!	Ät smörgåsen!	Iss das Butterbrot!
Unreg.	att gör/a	gör!	Gör det!	Tu das!
	att gå	gå!	Gå hem!	Geh nach Hause!
	att vara	var!	Var snäll och gör det!	Tun Sie das bitte!
				Ramge §§ 121; 144-145

2. Das Adverb

Viele Adjektive können als Adverbien verwendet werden. Solche Adverbien haben immer die neutrale Form des Adjektivs (Siehe Lektion 7.): *dåligt, högt, långsamt, ovanligt, snabbt*

De pratar *högt*.	Sie reden laut.
Han skriver *långsamt*.	Er schreibt langsam.
Hon hör *dåligt*.	Sie hört schlecht.
Han hör *bra*.	Er hört gut.

Bra ist ein unveränderliches Wort, das als Adjektiv und als Adverb verwendet werden kann. Vgl. in Lektion 5: *ett bra jobb* (Adj.) und *Vi trivs bra*. (Adv.)

3. Das Relativadverb *där* (*wo*)

Das Relativadverb leitet einen Nebensatz ein und bezieht sich auf einen im Hauptsatz genannten Ort oder Platz:

Kör till *parken*, *där* biblioteket ligger!	Fahren Sie zum Park, *wo* die Bibliothek liegt!
Gå till *kiosken*, *där* man kan köpa frimärken!	Gehen Sie zum Kiosk, *wo* man Briefmarken kaufen kann.
	Ramge § 205

4.1. Die Verben *tro* [3] – glauben; vermuten
tycka [2b] – finden, der Ansicht sein

Folgender Dialog veranschaulicht die unterschiedlichen Bedeutungen der beiden Verben:

Utanför biografen står Maja och Lena och tittar på en filmaffisch (Kinoreklame).
- Tror du att den här filmen är bra?
- Det vet jag inte. Kanske...
- Ska vi se den, tycker du?
- Ja, det kan vi göra.

Efter filmen: -Vad tyckte du om filmen? -Jag tyckte den var bra. -Jag tyckte också om den. Den var bättre än jag trodde.

4.2. *Tro* und *tycka* mit darauffolgendem Nebensatz

Die unterordnende Konjunktion *att* kann oft in dieser Satzkonstruktion fehlen. Die Verneinung *inte* steht meistens im Hauptsatz. Beachten Sie die unterschiedlichen Satzkonstruktionen in den beiden Sprachen bei *tycka*!

Jag tror [att] vädret blir fint.	Ich glaube, das Wetter wird schön.
Han tror inte [att] det ordnar sig.	Er glaubt nicht, dass es in Ordnung geht.
Vi tror inte [att] de kommer idag.	Wir glauben nicht, dass sie heute kommen.
Jag tycker [att] Lena är trevlig.	Ich finde *Lena nett*.
Hon tycker [att] vägen dit är lång.	Sie findet *den Weg dorthin lang*.

ÜBUNGEN

A. Setzen Sie die richtige Imperativform ein!

1. (lyssna 1) .... på den här musiken!
2. (dricka 4) .... ett glas öl!
3. (stänga 2a) .... de där dörrarna!
4. (ställa 2a) .... de här glasen på hyllan!
5. (köpa 2b) .... en tidning i kiosken!
6. (växla 1) .... de här pengarna!
7. (hämta 1) .... cyklarna!
8. (låta 4) .... mig hjälpa dig!
9. (gå *unreg.*) .... till stan!
10. (titta 1) .... till höger!

11. (komma 4) .... tillbaka om en stund!

12. (parkera 1) .... vid stationen!

B. Ergänzen Sie die Adverbien

im Imperativ		**im Präsens**
Beispiel: kör/snabb!	Kör snabbt!	Arne kör snabbt.
1. Kör ....! (långsam)		Hon ....
2. Tala ....! (hög)		Han ....
3. Gå ....! (snabb)		De ....
4. Ät ....! (långsam)		Barnen ....

C. Bilden Sie Sätze mit dem Relativadverb *där* (wo) nach diesem Muster:

Gå/turistbyrå/få en karta: *Gå till* turistbyrå*n, där man kan* få en karta!

1. gå / kiosk / köpa en tidning:

....

2. köra / station / få upplysningar:

....

3. gå / museum / titta på gamla saker:

....

4. cykla / post / köpa frimärken:

....

5. gå / affär vid torg / köpa godis:

....

6. köra / bibliotek / låna böcker:

....

7. åka buss / konsthall / titta på konst:

....

8. cykla / idrottsplats / titta på en match:

....

D. Die Verben *tro* und *tycka*

D.1. Äußern Sie Ihre *Vermutungen* mit den folgenden Vokabeln:

Beispiel: Jag tror .../ affär /öppna / kl.10.00

Jag tror [att] affären öppnar klockan 10.

1. film / sluta / kl.18.30 ....
2. Per / komma / i eftermiddag ....
3. väder / bli / bättre i morgon ....
4. lektion / börja / kl. 9 ....

D.2. Äußern Sie Ihre *Meinungen* mit den folgenden Vokabeln:

Beispiel: Jag tycker ... / kaffe / god

Jag tycker [att] kaffet är gott.

5. Per och Lena / se ut / trött ....
6. kafé / se ut / trevlig ....
7. smörgåsarna / vara / god ....
8. träning / vara / bra ....

E. Hur hittar jag i Trelleborg? Titta på kartan över Trelleborg!

Några frågor:

1. Hur kommer jag från Posten på Kontinentgatan till Stortorget?

2. Trelleborgen ligger vid Bryggaregatan i västra Trelleborg. Det är en rekonstruktion av en vikingaborg. Hur hittar jag till Trelleborgen från Turistbyrån på Hamngatan?

3. Hur ska jag gå för att komma från Trelleborgen till Busstationen?

4. Trelleborgs sjukhus ligger i norra Trelleborg. Hur kommer man dit från Valen köpcenter *(Einkaufszentrum Valen)* på Nygatan?

5. Finns det någon simhall i Trelleborg?

© Trelleborgs kommun

F. Übersetzung ins Schwedische 10

1. Gehen Sie geradeaus bis zur Kreuzung!
2. Das Kino liegt an der Kreuzung.
3. Das Café, wo wir gestern waren, hat nicht auf, glaube ich.
4. Wo gibt es *hier** eine Tankstelle? (*am Ende des Satzes)
5. Biegen Sie rechts ab und fahren Sie bis zum Bahnhof!
6. Auf der anderen Seite der Straße gibt es einen Kiosk.
7. Wo kann ich parken? – Da drüben gibt es freie Parkplätze.
8. Parken Sie am Sportplatz!
9. Wir fahren nach Ystad. – Wie weit ist es dorthin?
10. Am Park, wo die Kunsthalle liegt, sehen wir uns.
11. Wo kann man Geld wechseln?
12. Das Auto fuhr langsam am Markt vorbei.

VOKABELN

A.

^{v}upp´lysning -en -ar	Auskunft, Information
långt *Adv.*	weit
dit *Adv.*	dorthin
fram till	bis zu
^{v}trafik´ljus -et -	Verkehrsampel
till ´vänster / ´höger	nach links / rechts
park - en ^{v}-er	Park
^{v}ba´kom [ɔ] *Präp., Adv.*	hinter; dahinter

B.

ur´säkta!	Entschuldigung! Verzeihung!
tu^{v}rist´byrå -n, tu^{v}ristbyr´åer	Touristinformation
ja´visst *Interjektion*	gewiss, sicher
^{v}nere *Adv.*	unten
hamn -en ^{v}-ar	Hafen
^{v}häri´från *Adv.*	von hier [aus]
hur ^{v}länge?	wie lange?
tro [ɷ:] [3]	glauben, vermuten
hur långt?	wie weit?
^{v}ögon´blick, -et -	Augenblick

tänka ^{v}efter [2b]	nachdenken
^{v}sid/a -an -or	Seite
på andra sidan [gatan]	auf der anderen Seite [der Straße]
bred´vid *Präp.*	neben
ki´osk -en -er [ɔ]	Kiosk
där ^{v}borta [ɔ]	da drüben
var ^{v}femtonde mi´nut [ɔ]	jede fünfzehnte / alle fünfzehn Minute(n)
^{v}stanna [1]	halten; [stehen]bleiben
^{v}utan´för *Präp.*	vor; außerhalb

C.

i ^{v}när´heten	in der Nähe
torg -et - [ɔ]	Marktplatz
hörn -et - ; på hörnet	Ecke; an der Ecke
^{v}smör´gås -en -ar	belegtes Brot, Sandwich

D.

sta´tion -en -er [ω:] *von:* järnvägs-	Bahnhof
rakt fram	geradeaus
^{v}korsning -en -ar [ɔ]	Kreuzung
ta till ´vänster / ´höger	links/rechts abbiegen
där *Relativadverb*	wo Relativpronomen
biblio´tek -et - [ω]	Bibliothek
´meter -n -	Meter
^{v}bensinsta´tion -en -er [ω:]	Tankstelle
på ´vänster / ´höger sida	auf der linken / rechten Seite
mitt e´mot [ω:] *Adv.*	[gerade] gegenüber
bio´graf -en -er, *Kurzform* bio -n 0 [ω]	Kino
par´kera [1]	parken
^{v}fram´för *Präp.*	vor

Vokabeln im Grammatikteil und in den Übungen

^{v}svänga [2a]	[ab]biegen
bättre ´än *Adj.*	besser als
^{v}öppna [1]	aufmachen, öffnen
dörr -en ^{v}-ar	Tür
^{v}stänga [2a]	zumachen, schließen
^{v}tidning -en -ar	Zeitung
^{v}lång´sam -t ^{v}lång´samma *Adj.*	langsam
snabb *Adj.*	schnell
glas -et -	Glas
^{v}ställa [2a]	stellen
^{v}växla [1]	wechseln
^{v}hämta [1]	holen
mu´se/um -et -er	Museum
´godis -et 0 [ɷ:]	Süssigkeiten
^{v}konst´hall -en -ar [ɔ]	Kunsthalle
konst -´en 0 [ɔ]	Kunst
^{v}idrotts´plats -en -er [ɔ]	Sportplatz
lek´tion -en -er [ɷ:]	Lektion; Unterrichtsstunde
^{v}kart/a -an -or	Landkarte; Stadtplan
karta över Trelleborg	Stadtplan von T.
^{v}fråg/a -an -or	Frage
rekonstruk´tion -en -er [ɷ:]	Rekonstruktion
^{v}vikinga´borg -en -ar [ɔ]	Wikingerburg
^{v}sjuk´hus -et -	Krankenhaus
^{v}sim´hall -en -er	Hallenbad, Schwimmbad

LEKTION 11 EMMAS MAMMA OCH EMMAS RUM

Gib mir die Wäsche.

A. Emma! Städa ditt rum! Häng upp dina kläder! Ge mig tvätten! Bädda sängen! Plocka upp allt som ligger på golvet! Stäng av cd-spelaren! Läs dina läxor! Lägg alla prylar som ligger här i ditt skåp! Bär ut tidningarna! Sitt inte framför datorn hela dagen! Lyssna på mig!

B. Emmas mamma kan också säga så här till henne:
Var snäll och städa ditt rum! Kan du inte hänga upp alla kläder? Skulle du inte kunna bädda din säng? Plocka upp allt som ligger på golvet, är du snäll! Kan du inte stänga av cd-spelaren? Var snäll och läs dina läxor! Skulle du inte kunna lägga alla de här prylarna i skåpet? Kunde du inte bära ut alla tidningar också! Snälla, lyssna på mig!

C. Emma lyssnar på sin mamma.
Hon städar sitt rum, hon hänger upp alla sina kläder och bäddar sin säng. Hennes cd-spelare är avstängd. Alla grejor som ligger på golvet plockar hon upp och lägger i sitt skåp. Det blir alldeles fullt, men rummet ser nu snyggt ut. Hennes mamma blir nöjd och glad, när hon tittar in i rummet. Men hon undrar, var hennes dotter är. Emma är också nöjd, för hon spelar datorspel hemma hos sin pojkvän.

UTTRYCK

hänga ´upp kläderna	die Kleider aufhängen
plocka ´upp något	etwas aufheben
stänga ´av cd-spelaren	den CD-Spieler ausschalten
lägga [in] något i ett skåp	etwas in einen Schrank [hinein]legen
lyssna på någon (något)	jemandem zuhören; etwas hören
Det ser snyggt ut.	Es sieht schön (ordentlich, aufgeräumt) aus.
hemma hos honom (henne)	bei ihm (ihr) zu Hause

GRAMMATIK

1. Die Possessivpronomen

1.1. Die Possessivpronomen der 1. und 2. Person Singular und Plural

	Person	Utrum	Neutrum	Plural
Sg.	1. jag (mein)	**min** cykel	**mitt** jobb	**mina** kläder
	2. du (dein)	**din** bok	**ditt** barn	**dina** prylar
Pl.	1. vi (unser)	**vår** syster	**vårt** kök	**våra** grejor
	2. ni (euer)	**er** lägenhet	**ert** kylskåp	**era** pengar
				Ramge § 74

1.2. Die Possessivpronomen der 3. Person Singular und Plural

	Person	Utrum	Neutrum	Plural
Sg.	han (sein)	**hans** bil	**hans** hus	**hans** grejor
	hon (ihr)	**hennes** bil	**hennes** hus	**hennes** kläder
	den (sein/ihr)	**dess** färg	**dess** tak	**dess** parker
	det (sein/ihr)	**dess** färg	**dess** tak	**dess** invånare
Pl.	de (ihr)	**deras** bil	**deras** hus	**deras** bilar
				Ramge § 75, 77d

Dess bezieht sich nicht auf eine Person und wird vor allem in der Schriftsprache verwendet:
staden och *dess* parker, landet och *dess* invånare
Aber in Beispielen wie
stolen och dess färg, huset och dess tak
sagt man eher:
färgen på stolen, taket på huset

Regel: Die Formen auf *-s* werden nicht flektiert. Das Substantiv, dem das Possessivpronomen vorangeht, steht immer in der **un**bestimmten Form.

1.3. Das Reflexive Possessivpronomen der 3. Person Singular und Plural

Utrum	Neutrum	Plural
sin cykel (sein/ihr)	**sitt** barn (sein/ihr)	**sina** grejor (seine/ihre)

Emma städar *sitt rum*, hon hänger upp *sina kläder* och bäddar *sin säng.* (= Emmas rum, kläder och säng)

Regel: Das Pronomen *sin* wird in Genus und Numerus nach dem Besitzobjekt flektiert.

1.4. Man verwendet die reflexiven Possessivpronomen *sin, sitt, sina*

a) nur in der 3. Person Singular und Plural;

b) wenn das Possessivpronomen bei einem **Objekt** des Satzes (Teilsatzes) steht und es sich auf das **Subjekt** bezieht:

Per ser *sin fru* (= Pers fru).
Per och Eva ser *sina barn* (= Pers och Evas barn).
Per ser *sitt barn* (= Pers barn).
Per frågar *sina föräldrar* (= Pers föräldrar).

c) bei einem Präpositionalausdruck, der sich auf das **Subjekt** bezieht

Emma är hemma hos *sin pojkvän* (= Emmas pojkvän).
Per och Eva kommer till Göteborg med *sitt barn* (= Pers och Evas barn).
Per ringer till *sina föräldrar* i Göteborg (= Pers föräldrar).

d) aber nicht, wenn der Bezug zum Subjekt fehlt:

Emmas mamma städar inte *hennes rum* (= Emmas rum).
Per ringer till *hans föräldrar* / *deras föräldrar* (= Emils föräldrar/ Emil och Idas föräldrar).

1.5. Man verwendet *hans, hennes, dess* und *deras* wenn das Possessivpronomen

a) Teil des **Subjekts** ist:

Deras dotter heter Emma.	*Hennes* rum ser snyggt ut.
Staden och *dess* invånare.	

b) Teil des **Prädikativs** ist:

(Per och Eva är gifta): Per är *hennes man*. Eva är *hans fru.*

Merke: Identische Inhalte können mit unterschiedlicher grammatischer Form ausgedrückt werden:

zu **a)** *Emma och hennes pojkvän* spelar datorspel.
(=Das Possessivpronomen ist Teil des Subjekts)
Per och Eva och deras dotter kommer till Göteborg.
(=Das Possessivpronomen ist Teil des Subjekts)

aber: *Emma* spelar datorspel hemma hos *sin pojkvän*.
(= Emmas pojkvän)
(=Das Possessivpronomen ist *nicht* Teil des Subjekts)
Per och Eva kommer till Göteborg med *sin dotter*
(= Pers och Evas dotter).

zu **b)** Emil är Idas bror. = Han är *hennes bror.*
Ida är Emils syster. = Hon är *hans syster*.
Kalle och Maja är Per och Evas barn. = De är *deras barn.*

Vgl. jedoch Lektion 15: **sin** bei Vergleichen (Steigerung):
Han är lika lång *som sin bror.* (S. 140f.)

Ramge §§ 76-78

2. Höflichkeitsausdrücke und Aufforderung (dt. 'bitte')

2.1. Im Schwedischen gibt es mehrere Möglichkeiten eine höfliche Bitte oder eine Aufforderung auszudrücken:

Var snäll(a)...!	Var snäll(a) och köp en tidning!
...är du snäll!/...är ni snälla!	Köp en tidning, är du snäll!/är ni snälla!
snälla! (ohne Flexion)	Snälla, köp en tidning!
..., tack! (bei Bestellungen)	En kopp kaffe, tack!

Regel: Das Hauptverb hat bei dieser Konstruktion immer die Imperativform.

2.2. Viele Aufforderungen werden als Frage formuliert:

Kan du stänga dörren?	Kannst du bitte die Tür schließen?
Kan du inte låna mig tio kronor?	Kannst du mir zehn Kronen leihen?
Skulle du kunna öppna fönstret?	Könntest du das Fenster öffnen? o. Würdest Du die Tür öffnen können?
Vill du vara snäll och ringa mig i morgon?	Bist du so nett und rufst mich morgen an?

2.3. In förmlicher Sprache werden *var vänlig, vänligen* und *var god (v.g.)* benutzt:

Var vänlig (*Vänligen*) stäng av motorn!	Bitte den Motor abstellen!
Var god dröj!	Bitte warten! (am Telefon)

2.4. In Geschäften und in der Gastronomie sagt man:

Kan jag få ett kilo äpplen?	Kann/Könnte ich ein Kilo Äpfel haben?
Kan jag få en kopp kaffe och en bulle, tack!	Eine Tasse Kaffee und eine Schnecke bitte!
Kan jag få betala?	Zahlen bitte!
Jag *skulle vilja ha* en kopp kaffe och en smörgås.	Ich hätte gern eine Tasse Kaffe und ein belegtes Brot.

Merke: Das deutsche ‚bitte sehr' heißt:
varsågod (Sg.) und *varsågoda* (Pl.)

Får jag (Kan jag få) låna din bok? – Ja, *varsågod!*
Varsågod(a) och kom in! (Kommen Sie herein! Kommt herein!)

Ramge § 149

vänta [1] warten

ÜBUNGEN

A. Ergänzen Sie die fehlenden Formen der Possessivpronomen der 1. und 2. Person!

Beispiele: (jag) .... cykel → min cykel
(du) .... rum → ditt rum
(vi) .... grejor → våra grejor

1. (jag) .... jobb (Sg.)	2. (ni) .... kläder
3. (du) .... pojkvän	4. (ni) .... datorspel (Sg.)
5. (vi) .... katt	6. (jag) .... semester
7. (du) .... mobil	8. (du) .... foton
9. (du) .... mejl (Sg.)	10. (jag) .... ordbok
11. (ni) .... kollegor	12. (ni) .... upplysning
13. (jag) .... bröder	14. (jag) .... pengar
15. (vi) .... meddelande	16. (vi) .... föräldrar

B. Ergänzen Sie die fehlenden Formen der Possessivpronomen der 3. Person!

Per ville sälja .... skivor (= Pers skivor). Jonas köpte .... skivor (= Pers skivor). Malin skriver till .... mamma (= Malins mamma). Ulla och .... två barn (= Ullas barn) reser till Malmö i morgon. Ulla reser med .... två barn (= Ullas barn) till Malmö i morgon. Magnus och Eva skriver till .... mamma (= Magnus och Evas mamma). Malin var tillsammans med Anna och .... familj i fredags (= Annas familj). Staden och .... kyrkor är berömda. Svenskarna och .... uppfattning om euron. Husets invånare (Pl.) har problem med .... hyresvärd. Husets invånare (Pl.) och .... problem med hyresvärden.

Är det här Kalles cykel? Nej, det är inte .... cykel (= Kalles). .... cykel (=Kalles) är inte så gammal och han skulle aldrig ställa .... cykel (=Kalles) på gatan. .... cykel (=Kalles) älskar Kalle.

C. Bilden Sie Sätze mit *var snäll och* oder *är du snäll* oder *snälla* aus den folgenden Ausdrücken:

Beispiele: Var snäll och köp en liter mjölk!
Köp en liter mjölk, är du snäll!
Snälla, köp en liter mjölk!

1. (stänga dörren) ....
2. (öppna fönstret) ....
3. (mejla till mig) ....
4. (hämta din cykel) ....
5. (tala högt) ....
6. (hänga upp dina kläder) ....
7. (göra det nu) ....
8. (ta reda på telefonnumret) ....
9. (ge mig hans adress) ....
10. (ringa till Jonas) ....
11. (hjälpa mig) ....
12. (handla) ....
13. (köpa bensin) ....
14. (köra långsamt) ....

D. Bilden Sie aus den unten angegebenen Ausdrücken Aufforderungen als Fragen!

1. *Kan* du stänga dörren?
öppna fönstret, köra till stan, ringa Jonas
....
....
....

2. *Kan du inte* äta lunch med mig?
fråga henne, handla mat, köpa bensin

....

....

....

3. *Skulle du kunna* öppna fönstren?
göra det nu, stänga dörrarna, hämta boken

....

....

....

4. *Vill ni vara snälla och* ringa mig i morgon?
tala högt, ta reda på det, hämta paketet

....

....

....

5. *Vill du vara snäll och* komma klockan fem?
ge mig boken, låna mig tjugo kronor

....

....

E. På ett kafé – In einem Café
Formulieren Sie diese Bestellungen auf Schwedisch!

1. (Sie wollen Tee bestellen.) ....
2. (Fragen Sie, ob es Zimtschnecken gibt!) ....
3. (Sie bestellen zwei Zimtschnecken.) ....
4. (Sie bestellen ein Bier und ein belegtes Brot.) ....

....

5. (Sie wollen zahlen. (betala 1)) ....

F. Übersetzung ins Schwedische 11

1. Emma wohnt bei ihren Eltern.
2. Ihr Zimmer ist groß und schön.
3. Ihr Bruder Johan ist erst (*bara*) sechs Jahre alt.
4. Ihre Eltern haben ein Haus außerhalb der Stadt.
5. Emmas Bruder ist gerne (*tycka om att vara*) in ihrem Zimmer.
6. Wenn Emma ihre Hausaufgaben macht, liegt er unter ihrem Schreibtisch.
7. Wenn sie an (*vid*) ihrem Computer sitzt, steht er neben ihr oder hinter ihr.
8. Das mag sie nicht.
9. Seine Freunde sind auch klein und haben keine Computer.
10. Wenn Emma zu ihrem Freund geht, will Jonas mitkommen.
11. Das darf er nicht.
12. Wenn sie nicht zu Hause ist, spielt (*leka*, 2b) er mit ihren Sachen.

VOKABELN

A.

hänga ´upp [2a]	aufhängen
´kläder *Pl.*	Kleider; Kleidung
ge ger gav [unreg.]	geben
tvätt -en ^{v}-ar	Wäsche
^{v}bädda ´sängen [1]	das Bett machen
plocka ´upp [1] [ɔ]	aufheben
stänga ´av [2a]	abstellen, ausmachen
^{v}cd-´spelare -n -	CD-Spieler
^{v}läx/a -an -or	Hausaufgabe
^{v}lägga ´lägger la[de] [unreg.]	legen
^{v}prylar *Pl. ugs.*	Sachen
bära [4] ´ut	hinaustragen
^{v}sitta ´sitter satt [4] (11)	sitzen

B.

var snäll och ...! [ɔ]	bitte!
snäll *Adj.*	lieb, nett, freundlich, hilfsbereit
^{v}snälla! *Partikel*	bitte!

C.

sin sitt ^{v}sina *Reflexive Possessivpron.*	sein ihr
^{v}av´stäng/d -t -da *Partizip Perfekt als Adj.*	abgeschaltet, ausgeschaltet
full *Adj.*	voll
snygg *Adj.*	hübsch, schön; *hier:* ordentlich
nöjd, nöjt, ^{v}nöjda *Adj.*	zufrieden
titta ´in [1]	hineinschauen
^{v}dator´spel -et - [ɔ]	Computerspiel
^{v}pojk´vän -nen -ner [ɔ]	Freund

Vokabeln im Grammatikteil und in den Übungen

fru -n ^{v}-ar	Ehefrau
´liter -n -	Liter
mjölk -en 0	Milch
^{v}vänlig *Adj.*	freundlich
^{v}vänligen *Adv., Partikel*	bitte, "freundlicherweise"
^{v}vänta [1] (på ngn)	(auf jmdn.) warten
^{v}motor -n [ω:] [ɔ], mo´torer [ω] [ω:]	Motor
^{v}dröja [2a]	warten
^{v}kanel´bull/e -en -ar; ^{v}bulle	Zimtschnecke; Hefeteigschnecke
varså´god! *Pl.:* varså ^{v}goda! [ω:]	bitte [sehr]!
^{v}sälj/a ´-er ^{v}sålde [2a]	verkaufen
svensk -en ^{v}-ar	Schwede
^{v}svensk/a -an -or	Schwedin
^{v}upp´fattning -en -ar	Meinung, Ansicht
´euro -n - [ɔ]	Euro
pro´blem -et - [ω]	Problem
^{v}hyres´värd -en -ar	Hauseigentümer; Vermieter
^{v}aldrig	nie, niemals
^{v}älska [1]	lieben
ta ^{v}reda på något [4]	sich nach etw. erkundigen
be´tala [1]	zahlen, bezahlen
^{v}leka [2b]	spielen

LEKTION 12 VAD HAR DU GJORT?

- I dag har jag lagat maten. Jag har skalat potatisen och kokat den med dill, stekt köttbullarna och kokat grönsakerna. Så har jag skurit tomaterna till salladen. Vi har ingen läsk hemma och inte heller något öl.

Jag har ställt tallrikar och glas på bordet och lagt fram knivar och gafflar. Brödet har jag skurit i skivor och ställt på bordet. Några skedar har jag inte lagt fram, för vi får ingen efterrätt i dag. Vi får inte heller något vin till maten. Men jag köpte lite frukt, när jag var på torget i går, så vi kan äta några apelsiner eller vindruvor istället. Kanske du vill ha glass? Vi har lite i frysen.

- Ja, det blir bra. Vad dricker vi för något?
- Jag har öppnat en flaska mineralvatten och hällt upp juice till dig. Har jag glömt något?
- Nej, det har du inte. Jo, du har glömt salt och peppar. Du har inte heller tagit fram några servetter. Har vi några?
- Nej, vi har inga servetter, därför att du inte har köpt några.
- Nej, det har jag inte. Men du har inte tagit fram något smör ur kylen.
- Då kan du väl göra det själv! Så, nu är det färdigt. Sätt dig! Nu äter vi, innan maten blir kall.

Foto: Marc Iversen

UTTRYCK

Vad ska vi äta?	Was gibt es zu essen?
inte heller något öl	auch kein Bier
Det smakar gott (bra).	Es schmeckt gut.
Vad dricker vi för något?	Was trinken wir?
Har vi några?	Haben wir welche?
ta ´fram något ur kylskåpet	etwas aus dem Kühlschrank holen
Det är färdigt.	Es ist fertig.
Tack för maten!	Danke für das Essen! (Höflichkeitsform)

GRAMMATIK

1. Die Stammformen der Hilfsverben *ha* (haben) und ^{v}*vara* (sein)

Infinitiv	Präsens	Präteritum	Supinum	Perfekt	Plusquamp.
ha	har	^{v}hade	haft	har haft	hade haft
^{v}vara	är	var	^{v}varit	har ^{v}varit	hade ^{v}varit

2. Die Bildung des Perfekts und des Plusquamperfekts

Perfekt und Plusquamperfekt werden mit den Formen *har* und *hade* des Hilfsverbes *ha* und der **Supinumform** des Hauptverbes gebildet. Diese Form entspricht der deutschen Partizip Perfekt-Form:

jag *har lagat* mat	ich habe (das Essen) gekocht
jag *hade gått*	ich war gegangen

Merke:

jag *har varit*	ich bin gewesen
jag *hade varit*	ich war gewesen

3. Die vier Konjugationen im Überblick

Infinitiv	Präsens	Präteritum	Supinum
1. att lag/a	lag**ar**	lag**ade**	lag**at**
2a. att ställ/a	ställ**er**	ställ**de**	ställ**t**
2b. att stek/a	stek**er**	stek**te**	stek**t**
3. att bo	bo**r**	bo**dde**	bo**tt**
4. att ta	ta**r**	tog	tag**it**
att äta	ät**er**	åt	ät**it**
att skär/a	skär	skar	skur**it**
unregelmäßig sind:			
att gå	gå**r**	gick	gått
att få	få**r**	fick	fått
att gör/a	gör	gjorde	gjort
att lägg/a	lägg**er**	la[de]	lagt
			Ramge §§ 139-140

4. Die Verwendung des Perfekts und des Präteritums

4.1. Sätze im Perfekt mit Wechsel zum Präteritum bei Zeitangaben der Vergangenheit

(* gibt Tempuswechsel bei einem Zeitausdruck der „abgeschlossenen" Vergangenheit an.)

→ keine richtige Zeitangabe, gilt bis jetzigen Moment (wie im Englischen)

a. Har ni varit i Sverige? – Javisst!
– **Når* var ni där? – Vi var där *förra året.*

b. Har du köpt en ny väska? – Ja, den är väl snygg.
– **När* köpte du den? – Den köpte jag *i går (i måndags).*

c. Har du tagit körkort? – Ja, det har jag.
– **När* gjorde du det? – Det gjorde jag *för en vecka sedan.*

Vgl. die Zeitausdrücke mit Präteritum in Lektion 6.

4.2. Das Perfekt mit Bezug zur Gegenwart

a. Hon har gått hem (= hon är inte här).
b. Barnen har kommit hem (= de är här).
c. Vad har du haft för dig i dag? – Jag har läst tidningen och skrivit ett brev.

4.3. Das „inklusive Perfekt“: Die Vergangenheit hat Bezug zur Gegenwart. Im Deutschen steht das Präsens.

a. Min granne kommer från England. Han har bott i Sverige *i två år nu* (= bor här nu).
b. Hur länge har du läst svenska? – Jag har läst svenska *i två terminer* (= jag läser svenska nu).
*Jag läste franska *förra året*.
c. Bor du inte i Karlstad? – Nej, där har jag aldrig bott. Jag bor ju i Gävle. Vi har bott där *i många år nu*. *Vi flyttade dit *år 2000*.

4.4. Der Ausdruck der Zukunft

a. När jag har läst boken, ska du få den.
Du ska få boken, när jag har läst den.
b. När jag har tagit körkort, ska jag köpa bil.
Jag ska köpa bil, när jag har tagit körkort.

Ramge §§138-139, 142-143

5. Die Stellung der Verneinung *inte* in Hauptsätzen (HS) und in Nebensätzen (NS)

a) Im Hauptsatz steht *inte* **nach dem ersten Verb**, wenn der Hauptsatz mit dem Subjekt anfängt.

b) Im Hauptsatz mit Inversion (Prädikat + Subjekt) steht *inte* **nach dem ersten Verb** und **nach dem Subjekt.**

c) Wenn dem Hauptsatz ein Nebensatz vorausgeht, steht *inte* **nach dem ersten Verb** und **nach dem Subjekt.**

d) Im Nebensatz steht *inte* **vor allen Verben**.

(a) Maten *är inte* färdig.	(HS mit einem Verb)
(a) Du *har inte köpt* någon frukt.	(HS mit zwei Verben)
(b) *Någon frukt har du inte* köpt.	(HS mit Inversion)
(c) När jag kom, *var han inte* där.	(HS nach einem NS)
(d) ..., att du *inte kom* igår.	(NS mit einem Verb)
(d) ..., att Per *inte har köpt* någon frukt.	(NS mit zwei Verben)
	Ramge § 301.4-5, § 323

Siehe auch S. 150 und das Wortstellungsschema S. 262f.

6. Das Indefinitpronomen *ingen, inget, inga* als Objekt in Haupt- und Nebensätzen

6.1. Das Pronomen *ingen*, *inget, inga* ("kein") als *Objekt* kann nur in *Hauptsätzen* mit *einem* Verb stehen. In Hauptsätzen mit *zwei* Verben und in *Nebensätzen* (Siehe **5.**) verwendet man *inte någon (något, några)*:

Hauptsatz mit einem Verb	**Hauptsatz mit zwei Verben**
Jag har *ingen bil / inte någon bil.*	Jag har *inte* haft *någon* bil.
Vi köpte *inget salt / inte något salt.*	Jag hade *inte* köpt *något* salt.
Vi beställde *inga biljetter / inte några biljetter.*	Vi tänker *inte* beställa *några biljetter.*

6.2. Bei Verben mit *betonter Partikel* verwendet man immer *inte någon (något, några)*:

Jag tar *inte* fram *några* glas.	Jag har *inte* tagit fram *några* glas.
Vi hällde *inte* upp *någon* juice.	Vi hade *inte* hällt upp *någon* juice.
	Ramge § 101

Merke: Die Formen *inte någon (något, några)* können in allen Satztypen verwendet werden.

7. Die Verneinung von *också*: *inte heller* ('auch nicht')

Hon säger: Vi får *inte någon (ingen) efterrätt* i dag och *inte heller något vin* till maten.

Han säger: Det finns *inte något (inget) salt* på bordet. Det finns *inte heller någon peppar.*

8. *När* als Fragewort und als Konjunktion

När kann ein *Interrogativadverb* (Fragewort) sein:

När ses vi?	*Wann* sehen wir uns?
När kom de?	*Wann* kamen sie?

När kann auch eine *temporale Konjunktion* (Zeitkonjunktion) sein:

När jag kom, var han inte hemma.	*Als* ich kam, war er nicht zu Hause.
När jag har läst boken, ska du få den.	*Wenn* ich das Buch gelesen habe, kannst du es haben.
	Ramge §§ 203, 205, 255

ÜBUNGEN

A.1. Setzen Sie die folgenden Sätze mit *gerader* Wortfolge (Subjekt + Prädikat) ins *Perfekt*!

Beispiele: De korsar gatan (1). → De *har korsat* gatan.
Hon skär brödet (4). → Hon *har skurit* brödet.

1. Vi gör några smörgåsar ....
2. Han missar tåget ....
3. Hon lagar köttbullar ....
4. Vi äter några smörgåsar ....
5. Han lägger tomaterna på en tallrik ....
6. De glömmer att köpa grönsaker ....

7. Jag tar några apelsiner ....

8. De sätter sig ....

A.2. Setzen Sie die folgenden Sätze mit *gerader* Wortfolge und einer Form des Indefinitpronomens *ingen/inte någon* ins *Perfekt*!

Beispiele: Vi köper *ingen* mjölk.
Vi har *inte* köpt *någon* mjölk.
De köper *inga* äpplen.
De har *inte* köpt *några* äpplen.

1. De köper ingen cykel ....

2. Vi gör inga smörgåsar ....

3. De beställer inga biljetter ....

4. Hon dricker inget öl ....

5. Han äter inga apelsiner ....

6. Jag lånar ingen bok ....

7. Vi äter inget ....

8. Jag skriver inget mejl ....

B. Setzen Sie die folgenden Sätze mit *Inversion* (Prädikat + Subjekt) ins *Perfekt*!

Beispiele:	Idag lagar jag mat.	Idag *har jag lagat* mat.
	Nu steker vi fisken.	Nu *har vi stekt* fisken.

1. Nu skär jag brödet ....

2. Potatisen kokar jag i tjugo minuter ....

3. Ölet ställer jag i kylskåpet ....

4. Idag dricker vi te ....

5. Nu äter vi ....

6. I dag handlar vi på torget ....

7. Nu gör vi det ....

8. Tidningen lägger jag på bordet ....

C. Setzen Sie die folgenden Hauptsätze in die indirekte Rede und verwenden Sie dabei das Perfekt in den Nebensätzen!

Beispiel: Jag *lagar inte* mat idag.
Hon säger, att hon *inte har lagat* mat idag.

1. Ölet står inte i kylskåpet.
   Han säger, att ....
2. Eva öppnade inte flaskan.
   Hon säger, att ....
3. Pojkarna tänker inte cykla till stan.
   Hon menar, att ....
4. Vi har inte varit på bio på länge.
   De menar, att ....
5. Barnen åt inga grönsaker.
   De säger, att ....
6. Hon drack inget öl.
   Hon säger, att ....
7. De har inte heller druckit något öl.
   Han säger, att ....
8. Väskan köpte hon inte här i stan.
   Hon säger, att ....

D. Das Indefinitpronomen *ingen* und *inte någon* als Objekt in Haupt- und Nebensätzen

för (denn) leitet einen Hauptsatz ein,
därför att (weil) leitet einen Nebensatz ein.

Beispiele: **HS im Präsens + HS im Perfekt:**
Vi har inga äpplen, *för* du *har inte* köpt *några.*

HS im Präsens + NS im Perfekt :
Vi har inga äpplen, *därför att* du *inte har* köpt *några.*

Ergänzen Sie den zweiten Teilsatz nach diesem Muster!

1a) Vi har inga apelsiner, *för* (Per / inte / köpa) ....

....

1b) Vi har inga apelsiner, *därför att* (Per / inte / köpa) ....

....

2a) Vi har inga biljetter, *för* (Emma / inte / beställa) ....

....

2b) Vi har inga biljetter, *därför att* (Emma / inte / beställa) ....

....

3a) Det finns inget salt på bordet, *för* (jag / inte / ställa fram) ....

....

3b) Det finns inget salt på bordet, *därför att* (jag / inte / ställa fram) .....

....

4a) Det finns ingen frukt hemma, *för* (jag / inte / hinna köpa) ....

....

4b) Det finns ingen frukt hemma, *därför att* (jag / inte / hinna köpa)

....

5a) Det ligger inga skedar på bordet, *för* (jag / inte / lägga fram) ....

....

5b) Det ligger inga skedar på bordet, *därför att* (jag / inte / lägga fram).

....

E. Übersetzung ins Schwedische 12

1. Wann hast du den Film gesehen? – Vorgestern habe ich ihn gesehen.
2. Als ich klein war, lebten wir in Norddeutschland.
3. Dann sind wir nach Süddeutschland umgezogen.
4. Jetzt lebe ich seit drei Jahren hier. (Ort vor Zeit!)
5. Bist du schon* lange hier? (*här länge*) – Nein, ich bin gerade gekommen.
6. Wir haben keine Landkarte. Habt ihr auch keine?
7. Gestern hat er vergessen, seine Eltern anzurufen. (Kein Komma vor dem Infinitiv!)
8. Sie sagten, dass sie kein Geld hätten. (kein Konjunktiv im Schwedischen!)
9. Bist du in Småland gewesen?
10. Bist du in Vimmerby gewesen, als du in Schweden warst?

**schon* wird nicht übersetzt

VOKABELN

^{v}göra gör ^{v}gjorde gjort [ω:] [unreg.]	tun; machen
^{v}skala [1]	schälen
po^{v}tatis -en -ar (*auch*: po´tatis) [ω]	Kartoffel
po^{v}tatis *auch Kollektiv* [ω]	Kartoffeln
^{v}koka [1] [ω:]	kochen, zum Kochen bringen
dill -en 0	Dill
^{v}steka [2b]	braten
^{v}kött´bull/e -en -ar	Fleischklößchen
^{v}grön´saker *Pl.*	Gemüse
^{v}skära skär skar ^{v}skurit [4]	schneiden
to´mat -en -er [ω]	Tomate
^{v}sallad -en -er	Salat (Gericht / Pflanze)
läsk -en 0 *Kurzform von* ^{v}läske´dryck -en-er	Limo[nade]
inte ´heller	auch nicht
^{v}tall´rik -en -ar	Teller
lägga ´fram [unreg.]	herauslegen; hinlegen
kniv -en ^{v} -ar	Messer
´gaffel -n, ^{v} gafflar	Gabel
bröd -et -	Brot
sked -en ^{v}-ar	Löffel
^{v}efter´rätt -en -er	Nachtisch
vin -et ^{v}-er	Wein
till ´maten	zum Essen
^{v}lite	etwas, ein bisschen
frukt -en -^{v}er	Obst
torg -et - [ɔ]	Markt
så *Adv.*	also
apel´sin -en -er	Orange
^{v}vin´druv/a -an -or	Weintraube
glass -en 0	[Speise-]Eis
frys -en *Kurzform* frysbox	Gefriertruhe
^{v}frys´box -en -ar [ɔ]	Gefriertruhe
^{v}flask/a -an -or	Flasche
mine^{v}ral´vatt/en -net 0	Mineralwasser
hälla ´upp [2a]	eingießen
juice -n -r	Saft
till dig	für dich
^{v}glömma [2a]	vergessen

jo *Interjektion* [ω:]	doch
salt -et 0	Salz
^{v}peppar -n 0	Pfeffer
ta ´fram [4]	herausholen
ser´vett -en -er	Serviette
smör -et 0	Butter
kyl -en 0 *Kurzform für* kylskåp	Kühlschrank
själv -t ^{v}-a *Pron.*	selbst
^{v}färdig *Adj.*	fertig
^{v}sätta sig ´sätter ^{v}satte satt sig [unreg.] *Reflexives Verb*	sich setzen
^{v}innan *Konj.*	ehe; bevor
kall *Adj.*	kalt
^{v}smaka [1]	schmecken

Vokabeln im Grammatikteil und in den Übungen

^{v}förra ´året	letztes Jahr
^{v}väsk/a -an -or	Tasche
snygg *Adj.*	hübsch, chic
^{v}kör´kort -et - [ω]	Führerschein
ta ^{v}kör´kort [ω]	den Führerschein machen
´för - ^{v}sedan; *Zeitpräp.*	vor
ha ´för sig [unreg.] *Reflexives Verb*	vorhaben *hier:* machen
^{v}grann/e -en -ar	Nachbar(in)
[i] två år	zwei Jahre [lang]
ter´min -en -er	Semester
[i] två ter´miner	zwei Semester [lang]
^{v}franska -n 0	Französisch
inte på ^{v}länge	lange nicht
be´ställa [2a]	bestellen
bil´jett -en -er	Ticket; Fahrkarte

LEKTION 13 SILLEN, LAXEN OCH KRÄFTORNA

A. Ur sjöar, älvar och hav

Det finns många möjligheter att fiska i Sveriges alla sjöar och älvar. Man får fiska utan fiskekort i fem stora sjöar: Vänern, Vättern, Mälaren, Storsjön och Hjälmaren och längs kusterna. Svenskarna äter också mycket fisk. Den kokas, steks, grillas, röks eller gravas.
Strömmingen är egentligen en sill som lever i Östersjön. Fångas den norr om Kalmar, kallas den strömming. Den är mindre än sillen, som förekommer vid Västkusten.
Förr när det inte fanns kylskåp eller frysboxar, var det svårt att förvara fisken. I Norrland brukade man gräva ned den över vintern. Nu stoppas den i frysen.
I augusti fångar man kräftor i sjöar och åar. De kokas med mycket dill och äts kalla. Man bjuder på kräftor i trädgården, hänger upp lyktor i träden, sätter en liten pappershatt på huvudet och sjunger snapsvisor till maten. Det kallas kräftskiva och är en svensk tradition. Men kräftorna kommer nu ofta ur frysboxen och kan ätas hela året.

B. Hur lagas *Gravad lax*?

Laxbiten delas längs ryggen. Salt, vitpeppar och socker blandas och strös över laxsidorna. Sedan läggs dillen på och sidorna läggs mot varandra, så att den smala sidan kommer mot den tjocka. Laxen stoppas i en plastpåse och läggs i kylen. Bitarna vänds flera gånger och förvaras i kylskåpet i 24 timmar, helst i ett och ett halvt dygn. Sedan tas fisken ut och torkas av. Den skärs i tunna skivor och lite färsk dill kan strös på skivorna.

Vad behöver man för att göra *Gravad lax*?

1 kilo (kg) lax, 1 tesked (tsk) vitpeppar, 4 matskedar (msk) salt, 4 msk socker, mycket dill

UTTRYCK

Hur känns det?	Wie geht es Ihnen / dir / euch?
Det känns bra.	Danke, gut.
Det känns skönt.	Es ist angenehm (schön).
Det behövs dill till laxen.	Man braucht Dill zum Lachs.
Det fattas salt.	Das Salz fehlt. Es fehlt Salz.
Det finns många möjligheter.	Es gibt viele Möglichkeiten.
Jag hoppas vi ses snart igen.	Ich hoffe, wir sehen uns bald wieder.
Vi får korv till lunch.	Es gibt Würstchen zum Mittagessen.
Det blir köttbullar till middag.	Wir bekommen Fleischklößchen zum Abendessen.

GRAMMATIK

Es gibt drei verschiedene Verbformen, die mit **-s** gebildet werden: das Passiv, die Deponentien und die reziproken Verben.

1. Das Passiv in den vier Konjugationen und bei den unregelmäßigen Verben

	Infinitiv	Präsens	Präteritum	Supinum
1.	att lagas	lagas	lagades	lagats
2a.	att ställas	ställs	ställdes	ställts
2b.	att stekas	steks	stektes	stekts
	att läsas	läses	lästes	lästs
3.	att strös	strös	ströddes	strötts
4.	att tas	tas	togs	tagits
	att skäras	skärs	skars	skurits
unregelmäßige Verben				
	att göras	görs	gjordes	gjorts
	att läggas	läggs	la[de]s	lagts
				Ramge §§ 179-181

1.1. Die Passivendung ***-s*** wird an die aktiven Formen angehängt, nur im Präsens verschwindet das ***-r*** oder ***-er*** vor der Endung ***-s***:

> Han lagar bilen. → Bilen laga**s** (av honom).
> Hon ställer glasen på bordet. → Glasen ställ**s** på bordet (av henne).

1.2. Wenn der Stamm des Verbs auf ***-s*** ausgeht, muss die Endung ***-es*** angehängt werden:

> Många barn *läser* Astrid Lindgrens böcker.
> Astrid Lindgrens böcker *läses* av många barn.

1.3. Verben, deren Stamm auf ***-r*** ausgehen, haben keine Präsensendung. Durch das Anhängen der Passivendung ***-s*** verändert sich die Aussprache in [ʂ]:

bärs, görs, hörs, körs, skärs auch im Präteritum: *skars*

1.4. Verben, deren Stamm auf Vokal endet, fügen ***-s*** an:

Hon strör salt över laxen. → Saltet strös över laxen.

1.5. Die Passivformen im Überblick:

1. Konjugation		
Präsens:	Biten *delas.*	... wird geteilt.
Präteritum:	Biten *delades.*	... wurde geteilt.
Perfekt:	Biten *har delats.*	... ist geteilt worden.
Futur:	Biten *ska delas.*	... wird geteilt werden.

2. Konjugation (2a)	2. Konjugation (2b)
Dörren *stängs.*	Fisken steks.
Dörren *stängdes.*	Fisken stektes.
Dörren *har stängts.*	Fisken har stekts.
Dörrarna *ska stängas.*	Fisken ska stekas.

3. Konjugation	4. Konjugation
Saltet *strös över laxen.*	Laxen *skärs.*
Saltet *ströddes över laxen.*	Laxen *skars.*
Saltet *har strötts över laxen.*	Laxen *har skurits.*
Saltet *ska strös över laxen.*	Laxen *ska skäras.*

unregelmäßige Verben	
Påsen *läggs* i kylen.	Maten *sätts* på bordet.
Påsen *la[de]s* i kylen.	Maten *sattes* på bordet.
Påsen *har lagts* i kylen.	Maten *har satts* på bordet.
Påsen *ska läggas* i kylen.	Maten *ska sättas* på bordet.

1.6. Bei der Umwandlung eines Aktivsatzes in einen Passivsatz wird das Subjekt des Aktivsatzes zum Objekt des Passivsatzes, dem die Präposition ***av*** vorausgeht:

Han vänder bilen. → Bilen vänd**s** *av* honom.

2. Die Deponentien

Die Deponentien sind Verben, die nur in passivischer Form (*s*-Form) vorkommen, jedoch aktivische Bedeutung haben:
(nicht vom Willen steuerbar)

Infinitiv	Präsens	Präteritum	Supinum	
andas	andas	andades	andats [1]	atmen
fattas	fattas	fattades	fattats [1]	fehlen
hoppas	hoppas	hoppades	hoppats [1]	hoffen
svettas	svettas	svettades	svettats [1]	schwitzen
kännas	känns	kändes	känts [2a]	sich (an)fühlen
minnas	minns	mindes	mints [2a]	sich erinnern
trivas	trivs	trivdes	trivts [2a]	sich wohl fühlen
finnas	finns	fanns	funnits [4]	vorhanden sein
				Ramge § 186.4

3. Reziproke Verben

Reziproke Verben drücken Gegenseitigkeit aus und weisen meist ein Subjekt im Plural auf. Im Deutschen entsprechen ihnen die reflexiven Verben: (mind. 2 Menschen nötig, um das zu tun)

Infinitiv	Präsens	Präteritum	Supinum	
träffas	träffas	träffades	träffats [1]	sich treffen
mötas	möts	möttes	mötts [2b]	sich begegnen
kyssas	kysses	kysstes	kyssts [2b]	sich küssen
slåss	slåss	slogs	slagits [4]	sich schlagen
ses	ses	sågs	setts [unreg.]	sich sehen, sich treffen
				Ramge § 186.2

4. Das Indefinitpronomen *ingen* als Subjekt

4.1. In Verbindung mit einem Substantiv bedeuten die Indefinitpronomen ***ingen***, ***inget***, ***inga*** 'kein(e)'.

Ingen bil stod på gatan.	Kein Auto stand auf der Straße.
Inget meddelande hade kommit.	Keine Mitteilung war gekommen.
Inga böcker fattades.	Keine Bücher fehlten.

Möglich ist auch: *inte någon bil / inte något meddelande / inte några pengar*. (Vgl. die Lektionen 3, 5 und 12.)

4.2. Die Indefinitpronomen ***ingen***, ***inget (ingenting)***, ***inga*** können auch selbständig (ohne Substantiv) stehen. In diesem Fall bedeuten sie 'niemand, nichts' oder im Plural 'keine':

Ingen har sett dem.	Niemand hat sie gesehen.
Inget / Ingenting fattas.	Nichts fehlt.
Inga har varit där.	Keine sind da gewesen. / Niemand ist da gewesen.

Möglich ist auch: *inte någon / inte något / inte någonting / inte några*.

Merke: ***Ingen, inget (ingenting), inga*** können, wenn sie in *Subjektsstellung* erscheinen, in allen Satztypen verwendet werden.

Ramge §101

5. Das Indefinitpronomen *någon* als Subjekt

Das Indefinitpronomen **någon**, **något (någonting), några** kann alleine stehen; es bedeutet 'jemand, (irgend)eine(r,s), etwas' oder im Plural 'einige':

Någon måste hjälpa honom.	Jemand muss ihm helfen.
Något / Någonting fattas.	Etwas fehlt.
Några gick hem.	Einige gingen nach Hause.

Vgl. Lektion 7.

Ramge § 100

ÜBUNGEN

A. Wandeln Sie die Aktivsätze in Passivsätze um!
Beachten Sie dabei, dass das Objekt des Aktivsatzes zum Subjekt des Passivsatzes wird.

Beispiele:	När *stänger* de affären?	När *stängs* affären?
	Man *öppnade* flaskan.	Flaskan *öppnades.*
	Man *har stängt* affären.	Affären *har stängts.*
	Hade du *skalat* frukten.	*Hade* frukten *skalats av dig?*
	Måste man *skala* frukten?	*Måste* frukten *skalas*?

1. När öppnar de biblioteket? ....
2. När stängde ni fönstren? ....
3. När gjorde de det? ....
4. Man har grillat fiskarna ....
5. Man åt lunch på en restaurang ....
6. Man hade burit ut möblerna ....
7. Man hade spelat två matcher ....
8. Man har stängt dörrarna ....
9. Brödet hade man lagt i en påse ....
10. Stolarna hade man ställt i köket ....
11. Hon satte barnet på stolen ....

B. Ein Personalpronomen in *Objektsform* muss bei der Umwandlung *Subjektsform* erhalten und umgekehrt:

Beispiel: Han *bjöd mig* på kaffe. → Jag *bjöds* på kaffe *av honom.*

1. Vi har bjudit henne på middag ....
2. Han har blandat dem ....
3. Hon hängde upp kläderna ....
4. Ni ska dela bitarna ....
5. Jag hämtar dem kl. 17 ....
6. Han tog fram mineralvattnet ....
7. Du ska städa lägenheten ....

C. Emmas mamma och Emmas rum

Emma! *Städa* ditt rum! *Häng upp* dina kläder! *Bädda* sängen! *Plocka upp* allt som ligger på golvet! *Stäng av* cd-spelaren! *Läs* dina läxor! *Lägg* all prylar i skåpet! *Bär ut* alla tidningar!

Mit *Modalverb und Infinitiv* im Passiv kann der Text eine andere grammatische Form bekommen. Geeignete Modalverben sind *skola* und *måsta.*

Beispiel: Emma, *städa* ditt rum! → Emma, ditt rum *ska städas*!

1. dina kläder ....!
2. sängen ....!
3. allt som ligger på golvet ....!
4. cd-spelaren ....!
5. läxorna ....!
6. alla prylar ....!
7. alla tidningar ....!

D. Bilden Sie aus den folgenden Wörtern Passivsätze in einem Tempus Ihrer Wahl:

Beispiel: skala / potatisen

Potatisen skalas (skalades, har skalats, hade skalats, ska skalas).

1. Öppna / flaskan ....
2. Skära / brödet ....
3. Ställa / tallrikar på bordet ....
4. Fånga / fisken i havet ....
5. Hälla upp / ölet ....
6. Bära ut / flaskorna ....
7. Ta fram / smöret ....

E. Übersetzung ins Schwedische 13

1. Die Äpfel wurden von ihm auf den Tisch gelegt.
2. Das Essen wurde im Kühlschrank aufbewahrt.
3. Jemand hat den Fisch in eine Plastiktüte gesteckt.
4. Das Auto wurde von ihr gefahren.
5. Fehlt etwas? – Es fehlen Butter und Brot.
6. Wir hatten uns in der Stadt gesehen.
7. Sie *fühlten sich* dort *sehr wohl.* (= trivas bra)
8. Einige Türen sind geschlossen worden.
9. Sie küssten sich und sie schlugen sich.
10. Er erinnerte sich nicht, wie der Mann hieß.
11. Wir werden uns um sechs Uhr am Parkplatz treffen.
12. Er atmete *ruhig.* (lugn *Adj.*)

VOKABELN

A.

sill -en ^{v}-ar	Hering
lax -en -^{v}ar	Lachs
^{v}kräft/a -an -or	Flusskrebs
ur *Präp.*	aus
sjö -n ^{v}-ar	See (der)
älv -en ^{v}-ar	Fluss
hav -et -	Meer, See (die)
^{v}möjlig´het -en -er	Möglichkeit
^{v}fiska [1]	Fische fangen, fischen
^{v}utan *Präp*	ohne
^{v}fiske´kort -et - [ω]	Angelschein
längs *Präp.*	entlang, längs
kust -en ^{v}-er	Küste
fisk -en ^{v}-ar	Fisch
^{v}röka [2b]	räuchern
^{v}grava [1]	beizen
^{v}strömming -en -ar	Strömling, Ostseehering
e´gentligen	eigentlich
^{v}leva [2a]	leben
^{v}Öster´sjön	die Ostsee
^{v}fånga [1]	fangen
^{v}kalla [1]	nennen, bezeichnen
mindre än *Adj.*	kleiner als

^{v}före´komma [ɔ] [4]	vorkommen
^{v}Väst´kusten	die Westküste Schwedens
förr *Adv.*	früher
fanns *Prät. von* ^{v}finnas [4]	gab (geben)
svår *Adj.*	schwierig, schwer
för´vara [1]	aufbewahren
´Norrland [ɔ]	nördliche Hälfte Schwedens (Siehe Lektion 19 C)
^{v}gräva [2b]	graben
gräva ´ned [2b]	vergraben
över ´vintern	über den Winter
^{v}stoppa [1] [ɔ]	stecken
å -n ^{v}-ar	Fluss, kleiner Fluss
^{v}lykt/a -an -or	Lampion
träd -et -	Baum
^{v}sätta ´sätter ^{v}satte satt [unreg.]	setzen
^{v}huvud -et -en *best. form Pl.*:-ena	Kopf
sätta på huvudet	auf den Kopf setzen, aufsetzen
^{v}pappers´hatt -en -ar	Papierhut
^{v}sjunga ´sjunger sjöng ^{v}sjungit [4]	singen
^{v}snaps´vis/a -an -or	Schnapslied
^{v}kräft´skiv/a -an -or	Krebsessen
tradi´tion -en -er [ω:]	Tradition

B.

^{v}laga [1]	zubereiten
^{v}gravad ´lax	gebeizter Lachs
bit -en ^{v}-ar	Stück
^{v}dela [1]	teilen
rygg -en ^{v}-ar	Rücken
^{v}vit´peppar -n 0	weißer Pfeffer
´socker ´sockret [ɔ] 0	Zucker
^{v}blanda [1]	mischen
strö [3]	streuen
´över *Ortspräp.*	über
lägga lägger la[de] lagt ´på [unreg.]	auflegen
´mot var´andra [ω:]	gegen einander
så ´att *Konj.*	so dass
den ^{v}smala (^{v}tjocka [ɔ]) sidan	die schmale (dicke) Seite

ᵛplast´pås/e -en -ar	Plastiktüte
ᵛvända ´vänder ᵛvände vänt [2a]	umdrehen, wenden
gång -en ᵛ-er	Mal
helst	am besten; am liebsten
ta tar tog [ω:] tagit ´ut [4]	herausholen
torka ´av [ɔ] [1]	abwischen
tunn tunt ᵛtunna *Adj.*	dünn
ᵛskiv/a -an -or	Scheibe
färsk *Adj.*	frisch (bei Essen)
´kilo -t -n [ω]	Kilo
ᵛte´sked -en -ar	Teelöffel
ᵛmat´sked -en -ar	Esslöffel

Vokabeln im Grammatikteil und in den Übungen

ᵛfattas [1]	fehlen
ᵛingen *selbständiges Indefinitpron.*	niemand
ᵛinget, ᵛingen´ting *selbständiges Indefinitpron.*	nichts
ᵛinga *Pl. selbständiges Indefinitpron.*	keine
ᵛnågon *selbständiges Indefinitpron.*	jemand, (irgend)ein/e -r -s
ᵛnågot, ᵛnågon´ting *selbständiges Indefinitpron.*	etwas
ᵛnågra	einige
lugn *Adj.*	ruhig

LEKTION 14 I DE DJUPA SKOGARNA

A. I de svenska skogarna lever de vilda djuren – björnar, vargar och älgar. Det finns mellan 1.700 och 2.800 svenska björnar, medan den svenska vargstammen inte är större än hundra djur. Björnen och vargen är rovdjur, men älgen lever av kvistar från löv- och barrträd. Den förekommer i hela Sverige utom i södra Skåne och på Gotland, där det inte finns några stora skogar. Man räknar med en kvarts miljon älgar på vintern och nästan dubbelt så många på sommaren. På hösten skjuts ungefär hundratusen älgar och ibland fler än hundra björnar. Älgens storlek är imponerande, den kan bli upp till tre meter lång och kan väga mellan tvåhundra och femhundrafemtio kilo. Den har blivit en symbol för det svenska landskapet och man ser den överallt både på frimärken och vägmärken. För turisterna är det en stor händelse att få se en levande älg i skogen. På dagen visar den sig nog inte, men på kvällen brukar den komma fram - men då får man vara tyst.

B. Men älgen kan verkligen vara farlig – för bilister. Det sker många allvarliga trafikolyckor med älgar på de svenska vägarna varje år. En del älgar kan också bli ilskna.

- Vad gör man, om man möter en ilsken älg? - Man stannar och springer inte sin väg.

- „Det är omöjligt för en människa att springa ifrån en älg“ säger en jägare i Blekinge. „Går älgen till attack ska man spänna ögonen i den. Man kan också ta upp en pinne eller sten att kasta mot djuret för att skrämma det.“*

Men älgen är ändå störst, bäst och vackrast, tycker många.

*(ur tidskriften *Land*)

> *Du är välkommen i naturen. Men tänk på att inte störa och inte förstöra. Lär dig mer om Allemansrätten: www.naturvardsverket.se*

UTTRYCK	
inte större än	nicht größer als
på Gotland, där...	auf Gotland, wo...
dubbelt så många	doppelt so viele
fler än hundra björnar	mehr als hundert Bären
varje år	jedes Jahr
springa i´från någon	vor jemandem weglaufen

lo -n -ar
Luchs

björn -en -ar
Bär

varg -en -ar
Wolf

räv -en -ar
Fuchs

GRAMMATIK

1. Übersicht über die Formen des Adjektivs

	Utrum	Neutrum	Plural
Unbestimmte Form:	-	-t	-a
Bestimmte Form:	-a	-a	-a

2. Die bestimmte Form des Adjektivs

2.1. Die bestimmte Form des Adjektivs ist mit der Pluralform des Adjektivs identisch und wird durch die Pronomen *den, det* und *de* ergänzt:

	unbestimmte Form	bestimmte Form
Singular	en stor skog	*den* ^{v}stor*a* skog*en*
Plural	^{v}stora skogar	*de* ^{v}stor*a* skogar*na*
Singular	ett stort djur	*det* ^{v}stor*a* djur*et*
Plural	^{v}stora djur	*de* ^{v}stor*a* djur*en*

2.2. Das trifft auch für die Demonstrativpronomen *den ´här* und *den ´där* zu: *den ´här* ^{v}*stora ´skogen*, *det´ här* ^{v}*stora ´huset*, *de ´här* ^{v}*stora* ^{v}*skogarna*

2.3. Die Adjektive ^{v}*liten* und ^{v}*gammal* haben unregelmäßige bestimmte Formen:

	unbestimmte Form	bestimmte Form
Singular	en ^{v}liten älg	den ^{v}*lilla* älgen
Plural	små älgar	de små älgarna
Singular	ett ^{v}litet djur	det ^{v}*lilla* djuret
Plural	små djur	de små djuren
Singular	en gammal by	den ^{v}*gamla* byn
Plural	gamla byar	de ^{v}*gamla* byarna
Singular	ett gammalt hus	det ^{v}*gamla* huset
Plural	gamla hus	de ^{v}*gamla* husen

Vgl. Lektion 7. Ramge § 49

2.4. Das Adjektiv in der bestimmten Form kann substantiviert werden. Dabei wird bei Personen zwischen Maskulinum *(-e)* und Femininum *(-a)* unterschieden:

den gaml*e* (der Alte) den gaml*a* (die Alte) de gaml*a* (die Alten);
den lill*e* (der Kleine) den lill*a* (die Kleine) de små (die Kleinen)
det farlig*a* (das Gefährliche)

Ramge § 52

3. Das Partizip Präsens

Das Partizip Präsens wird durch Anhängen der Endungen *-ande* oder *-ende* an den Stamm des Verbs gebildet. Als Adjektiv kann es *nicht* flektiert werden.

3.1. Bei Infinitiven auf *-a*:

imponer/a → *impo´nerande*
lev/a → *ᵛlevande*
skrämm/a → *ᵛskrämmande*
spänna → *ᵛspännande*

3.2. Bei Infinitiven auf andere Vokale:

gå → en *ᵛgående*;	(ein Fußgänger)
ske → ett *ᵛskeende*	(ein Geschehen)

Ramge §§117, 164

4. Der Genitiv

Die Genitivform der Substantive wird durch Anhängen eines ***-s*** gebildet:

	Utrum		Neutrum	
Singular	en älg*s*	(eines Elchs)	ett djur*s*	(eines Tiers)
	älgen*s*	(des Elchs)	djuret*s*	(des Tiers)
Plural	älgar*s*	(der Elche)	djur*s*	(der Tiere)
	älgarna*s*	(der Elche)	djuren*s*	(der Tiere)

Die bestimmte Genitivform steht *vor* dem Substantiv, zu dem sie gehört, und dieses steht immer in der *un*bestimmten Form:

älgen*s* storlek - *die* Größe *des* Elchs
landet*s* huvudstad – *die* Hauptstadt *des* Landes

Merke: Im Deutschen haben *beide* Teile des Genitivausdrucks die bestimmte Form.

Ramge § 37

5. Zeitausdrücke mit der Präposition *på*

Die Präposition ***på*** wird verwendet:

- zum Ausdruck der Zukunft:

Vi ses *på fredag*! (Vgl. Lektion 6.)

- zur Bezeichnung einer allgemeinen Tageszeit (ohne Bezug zur Sprechzeit):

Han reste *på morgonen* (*på dagen)* och kom tillbaka *på kvällen* (*på natten).*
Er fuhr am Morgen / morgens (am Tag / tagsüber) und kam am Abend / abends (in der Nacht / nachts) zurück.

- bei den Jahreszeiten, wenn eine allgemeine Bedeutung beabsichtigt ist: „im Winter" (= jeden Winter):

Det finns en kvarts miljon älgar *på vintern* (= *varje vinter*).
På sommaren (= *varje sommar*) finns det dubbelt så många älgar.

På vintern snöar det.	Im Winter schneit es.
På hösten blir det kallt, det blåser och regnar.	Im Herbst wird es kalt, es ist windig und regnet.
På våren blir det varmare och soligt.	Im Frühjahr wird es wärmer und sonnig.
På sommaren är det varmt och solen skiner.	Im Sommer ist es warm und die Sonne scheint.

Vgl. Lektion 9.

6. Zeitausdrücke mit der Präposition *i*

Im Deutschen können Ausdrücke wie „im Winter" sich auch auf die nächste Zukunft, d.h. den kommenden Winter beziehen. In solchen Fällen muss man im Schwedischen die Präposition *i* verwenden: *i vinter, i vår, i höst, i sommar*

I vinter reser vi till fjällen.	Im [kommenden] Winter fahren wir ins Gebirge (in die Berge).
I sommar ska vi hyra ett hus vid en sjö.	Im Sommer werden wir ein Haus an einem See mieten.
I höst ska jag börja jobba.	Im Herbst werde ich anfangen zu arbeiten.
Jag flyttar nu *i vår.*	Ich ziehe in diesem Frühjahr um.

ÜBUNGEN

A.1. Wandeln Sie die unbestimmte Form in die bestimmte Form Singular um!

Beispiele: en djup skog → den djupa skogen
ett stort träd → det stora trädet

1. en ny film ....
2. en ilsken bilist ....
3. ett nytt vägmärke ....
4. en stor händelse ....
5. en spännande bok ....
6. en liten sten ....
7. en allvarlig trafikolycka ....
8. en liten pinne ....
9. ett gammalt frimärke ....
10. en tysk turist ....

A.2. Verbinden Sie die Substantive mit den passenden Formen des Demonstrativpronomens *den här - det här, den där - det där*!

Beispiel: den här stora skogen det här stora djuret

B.1. Wandeln Sie die unbestimmte Form in die bestimmte Form Plural um!

Beispiel: djupa skogar → de djupa skogarna

1. stora träd ....
2. svenska björnar ....
3. nya vägmärken ....
4. stora händelser ....
5. farliga rovdjur ....
6. små stenar ....
7. allvarliga trafikolyckor ....
8. danska frimärken ....
9. tyska turister ....
10. spännande filmer ....

B.2. Verbinden Sie die Substantive in B.1. mit den passenden Formen des Demonstrativpronomens *de här - de där*!

Beispiel: de här dyra kläderna de där goda bullarna

C. Bilden Sie Genitivausdrücke!

Beispiele:	matta / färg	mattan*s* färg
	barn (Pl.) / föräldrar	barnen*s* föräldrar

1. kläder / storlek ....
2. barn (Sg.) / föräldrar ....
3. dotter / skola ....
4. kollega / upplysning ....
5. länder / storlek ....
6. år (Sg.) / första månader ....

D. Setzen Sie die passenden Präpositionen ein!

Jägarna är i skogen .... hösten. .... höst ska jag resa till Sverige. .... sommar ska vi resa till min kusin. Kommer du .... lördag? Det finns många älgar .... skogen .... sommaren. De reste tidigt .... morgonen och kom tillbaka klockan tio .... kvällen. Parkera där .... (zwischen) de två träden! Bilarna parkerades .... (hinter) huset. .... (vor) kiosken stod det några cyklar. .... (nach) klockan tolv .... natten. Vad lever älgen ....?

E. Busstidtabellen

Tidtabell

Busstiderna gäller måndag – fredag

Skutskär – Tierp – Uppsala			
Skutskär, HLM	06.40	09.20	12.55
Älvkarleby kraftverk	06.50	09.30	13.05
Marma, Rörbackavägen	06.55	09.35	13.10
Mehedeby, Byvägen	07.00	09.40	13.15
Tierps station	07.20	10.00	13.35
Tierps vårdcentrum	07.30	10.10	13.45
Månkarbo, gångtunneln	07.40	10.20	13.55
Läby	07.55	10.35	14.10
Björklinge, Sätunavägen	08.00	10.40	14.15
Akademiska sjh, ing 226	08.40	11.20	14.55

Uppsala – Tierp – Skutskär			
Akademiska sjh, ing 226	10.30	12.30	15.45
Björklinge, Sätunavägen	11.00	13.00	16.15
Läby	11.05	13.05	16.20
Månkarbo, gångtunneln	11.20	13.20	16.35
Tierps vårdcentrum	11.35	13.35	16.50
Tierps station	11.40	13.40	16.55
Mehedeby, Byvägen	11.55	13.55	17.10
Marma, Rörbackavägen	12.00	14.00	17.15
Älvkarleby kraftverk	12.10	14.10	17.25
Skutskär, HLM	12.20	14.20	17.35

Det tar en timme och 20 min

måndag-fredag *liest man*: måndagar till fredagar
HLM = Husläkarmottagning; sjh = sjukhus; ing. = ingång

hinter = bakom vor = framför
nach = efter

1. Går det någon buss från Skutskär till Akademiska sjukhuset i Uppsala på morgonen? ....

....

2. Går det någon buss från Tierps station till Läby sent på kvällen?

....

3. Kan man åka buss från kraftverket i Älvkarleby till vårdcentret i Tierp efter klockan tio på förmiddagen? ....

....

4. Var stannar bussen i Månkarbo? ....

....

5. Hur lång tid tar det att åka från Skutskär till Björklinge? ....

....

F. Übersetzung ins Schwedische 14

1. Viele Deutsche mögen die schwedischen Wälder.
2. Sie hoffen, dass sie einen Elch *zu sehen bekommen.* (mit finiter Verbform von *få* und Infinitivform *se* zu übersetzen)
3. Letztes Jahr haben wir in einem schwedischen Wald einen Elch gesehen.
4. Er ist größer als man denkt (*tro*).
5. Es ist gefährlich, wenn sich Autofahrer und Tiere auf der Straße (*väg*) begegnen.
6. Die langen und kalten Winter des Landes
7. Im Sommer sind die Tage lang und die Nächte kurz.
8. In diesem Winter wollen wir ins *schwedische Gebirge* (Plural) fahren.
9. Kommt ihr im Frühjahr? – Vielleicht erst (*först*) im Herbst.
10. In den großen Wäldern, wo die wilden Tiere leben.
11. Vor einem Jahr bin ich nach Schweden gereist.
12. Als wir in der Nacht nach Hause fuhren, schneite es.

VOKABELN

A.

djup *Adj.*	tief
skog -en ^{v}-ar [ω:]	Wald
vild vilt ^{v}vilda *Adj.*	wild
djur -et -	Tier

björn -en ^{v}-ar	Bär
varg -en ^{v}-ar	Wolf
^{v}medan *Konj.*	während
^{v}varg´stam -men -mar	Wolfbestand, Wolfspopulation
´större ´än	größer als
^{v}rov´djur -et - [ω:]	Raubtier
kvist -en ^{v}-ar	Zweig
^{v}löv´träd -et -	Laubbaum
^{v}barr´träd -et -	Nadelbaum
^{v}utom [ɔ] *Präp.*	außer
^{v}räkna med [1]	annehmen; berechnen
en kvarts mil´jon [ω:]	eine viertel Million
på ´vintern, på ^{v}sommaren	im Sommer / Winter (*wiederholt*)
på ´hösten, på ´våren	im Herbst / Frühjahr (*wiederholt)*
^{v}nästan	fast
´dubbelt	doppelt
^{v}skjuta ´skjuter sköt ^{v}skjutit [4]	schießen; erschießen
^{v}unge´fär [-j-]	ungefähr
i´bland	manchmal
fler än	mehr als
^{v}stor´lek -en ar [ω:]	Größe
impo´nerande [ɔ] *Adj.*	beeindruckend
upp till	bis
^{v}väga [2a]	wiegen
sym´bol -en -er [o:]	Symbol
över´allt	überall
^{v}väg´märke -t -n	Straßenschild
tu´rist -en -er	Tourist
^{v}händelse -n -r	Ereignis
^{v}visa sig [1]	sich zeigen
komma ´fram [ɔ] [4]	hervorkommen, zum Vorschein kommen
tyst, tyst, ^{v}tysta *Adj.*	still, ruhig

B.

^{v}verkligen	tatsächlich; wirklich
^{v}farlig *Adj.*	gefährlich
bi´list -en -er	Autofahrer

ske [3]	passieren, sich ereignen
ᵛall´varlig *Adj.*	ernst[haft], *hier:* schwer
traᵛfiko´lyck/a -an -or [ω]	Verkehrsunfall
ᵛilsk/en -et, ilskna *Adj.*	wütend; *bei Tieren*: bösartig;aggressiv
om [ɔ] *Konditionale Konj.*	wenn, falls
ᵛspringa ´springer sprang ᵛsprungit [4]	laufen
springa sin väg	weglaufen
ᵛo´möjlig [ω:] *Adj.*	unmöglich
ᵛmännisk/a -an -or [-ɧa]	Mensch
springa i´från [4]	davonlaufen
ᵛjägare -n -	Jäger
gå till a´ttack	angreifen
spänna ᵛögonen i någon [2a]	jemanden anstarren; fixieren
ᵛöga -t, ᵛögon -en [ɔ]	Auge
ta ´upp	aufheben
ᵛpinn/e -en -ar	Stöckchen
sten -en ᵛ-ar	Stein
ᵛkasta [1]	werfen
mot [ω:] *Präp.*	in Richtung; auf
ᵛskrämma [2a]	erschrecken
ᵛän´då	trotzdem
störst, bäst och ᵛvackrast	der Größte, der Beste (und) der Schönste
ᵛtid´skrift -en -er	Zeitschrift
na´tur -en 0	Natur
ᵛväl´kommen -´kommet -´komna *Partizip Perfekt als Adj.*	willkommen
ᵛtänka (på ngn / ngt) [2b]	(an jmdn. / etwas) denken
ᵛstöra *Präs.* stör [2a]	stören
för´störa *Präs.* förstör [2a]	zerstören
mer *Adj.*	mehr

Vokabeln im Grammatikteil und in den Übungen

lo -n - ᵛar [ω:]	Luchs
räv -en ᵛ-ar	Fuchs
ᵛspännande *Adj.*	spannend
ᵛmorgon -en [ᵛmɔrɔn] *Pl.:* ᵛmorgnar [ᵛmo:rnar]	Morgen
vår -en ᵛ-ar	Frühjahr

^{v}snöa [1]	schneien
^{v}blåsa [2b]	blasen, wehen
^{v}regna [1]	regnen
^{v}varmare *von* varm *Adj.*	wärmer; warm
^{v}solig [ω:] *Adj.*	sonnig
sol -en ^{v}-ar [ω:]	Sonne
^{v}skina ´skiner sken ^{v}skinit [4]	scheinen
´vinter -n, ^{v}vintrar	Winter
höst -en ^{v}-ar	Herbst
^{v}sommar -en, ^{v}somrar [ɔ]	Sommer
fjäll -et -	(nordschwed.) Berg
resa till fjällen	ins Gebirge fahren
i ´vinter, ^{v}sommar [ɔ]	im [kommenden] Winter / Sommer
i höst, i vår	im [kommenden] Herbst / Frühjahr
^{v}tidta´bell -en -er	Fahrplan
^{v}gälla [2a]	gültig sein, gelten
^{v}husläkarmot´tagning -en -ar [ω]	Arztpraxis
^{v}kraft´verk -et -	Kraftwerk
^{v}vård´centr/um -et, *Pl:* -centrum / -centra, *best. Pl.*: -centren /-centra	kommunale Gesundheitsversorgung
^{v}gång´tunnel -n -tunnlar	Unterführung
aka´demisk *Adj.*	*hier*: Universitäts-
^{v}in´gång -en -ar	Eingang

LEKTION 15 MÅNGA JÄMFÖRELSER

A. Vad är roligast i skolan?

Martin Andersson, tolv år, menar: Gymnastik är det bästa ämnet i plugget. Innebandy är nog roligast. Men jag tycker också att orientering är ganska kul. Jag gillar fotboll bäst i alla fall. När jag var mindre, tyckte jag också om att simma.
Maria Persson som är ett år yngre tycker så här: - Handboll är roligast av alla idrotter. Annars gillar jag engelska bäst och matte näst bäst.

sakta *Adv.*: langsam, vorsichtig
se ´upp för ngt.: auf etwas achten

B. Ur *Vi på Saltkråkan* av Astrid Lindgren (1964)

Boken handlar om författaren Melker Melkerson och hans fyra barn som har hyrt ett hus i Stockholms skärgård över sommaren. Melker som är ensamstående pappa funderar över sina barn. Han kunde inte förstå ”hur just han hade kunnat få fyra så fina ungar. Och så olika.“ Malin, den äldsta, var både söt och klok, tyckte han. „Och så var det Johan, den klyftigaste av ungarna, den som hade mest fantasi och den som var oroligast.“ Det tredje barnet var Niklas, „den gladaste och stabilaste i hela familjen Melkerson.” Pelle, den yngste, var en forskare. (s. 103 f.)

C. Ur en annons för ett telefonkort: Många mejl sent på natten

- Jag älskar dig. Godnatt. Anna
- Jag älskar dig ännu mer. Kram. Fredrik
- Jag älskar dig tio gånger mer än du älskar mig. Puss. Anna
- Jag älskar dig allra mest. Jag tänker på dig och kan inte sova. Puss och kram! Fredrik
- Jag tänker ännu mer på dig och vill inte sova. Tusen pussar! Din Anna
- Jag tänker mest! Hundratusen pussar! Din Fredrik

UTTRYCK

det bästa ämnet	das Lieblingsfach
Det är kul.	Es macht Spaß.
Jag gillar fotboll bäst.	Ich mag am liebsten Fußball.
näst bäst	zweitbeste/r/s
fler än hundra björnar	mehr als hundert Bären
mer än tre kilo (tio kronor)	mehr als drei Kilo (zehn Kronen)
över sommaren	über den Sommer
ännu mer[a]	noch mehr
tio gånger mer än	zehnmal mehr als
allra mest	am meisten
tänka på någon / något	an jemanden / etwas denken

GRAMMATIK

1. Die Steigerung des Adjektivs

1.1. Die *regelmäßige* Steigerung

Positiv		Komparativ	Superlativ (unbestimmte + bestimmte Form)
snabb	schnell	^{v}snabb**are**	^{v}snabb**ast** / den (det, de) ^{v}snabb**aste**
dyr	teuer	^{v}dyr**are**	^{v}dyr**ast** / den (det, de) ^{v}dyr**aste**
skön	schön	^{v}skön**are**	^{v}skön**ast** / den (det, de) ^{v}skön**aste**

Adjektive auf **-el, -en, -er** verlieren dieses **e** vor der Endung:

´enkel	einfach	^{v}enkl**are**	^{v}enkl**ast /** den (det, de) ^{v}enkl**aste**
´ilsken	wütend	^{v}ilskn**are**	^{v}ilskn**ast** / den (det, de) ^{v}ilskn**aste**
´vacker	schön	^{v}vackr**are**	^{v}vackr**ast** / den (det, de) ^{v}vackr**aste**

Abweichende Form:

nära	nahe	^{v}när**m**are	^{v}när**m**ast / den (det, de) ^{v}när**m**aste

1.2. Die *unregelmäßige* Steigerung

Es gibt drei Gruppen von Adjektiven, die *unregelmäßig* gesteigert werden:

a) Die erste Gruppe

Einige Adjektive bilden den Komparativ auf **-re** und den Superlativ auf **-st**. Der Vokal wird umgelautet. Die Komparativformen haben immer Akzent 1 und werden nie flektiert:

Positiv		Komparativ	Superlativ
få	wenig	´fär**re**	–
grov	grob	´grövre	gröv**st** / den (det, de) ᵛgrövst**a**
hög	hoch; laut	´högre	hög**st** usw.
låg	niedrig	´lägre	läg**st**
lång	lang	´längre	läng**st**
stor	groß	´större	stör**st** [ʂ]
trång	eng	´trängre	träng**st**
tung	schwer	´tyngre	tyng**st**
ung	jung	´yngre	yng**st**

b) Die zweite Gruppe

Eine kleine Gruppe von Adjektiven wird ganz unregelmäßig gesteigert:

Positiv		Komparativ	Superlativ
bra (god)	gut	´bättre	bäst / den (det, de) ᵛbäst**a**
dålig	schlecht	´sämre	sämst / den ᵛsämsta usw.
gammal	alt	´äldre	äldst / den ᵛäldsta usw.
liten	klein	´mindre	minst / den ᵛminsta usw.
mycken	viel	mer / ᵛmera	mest / det ᵛmesta (Neutrum)
många	viele	fler / ᵛflera	flest / de ᵛflesta (Pl.)
ond	schlimm	´värre	värst / den ᵛvärsta usw.

Aber:

god	wohlschmeckend	ᵛgodare	ᵛgodast / den godaste usw.

Ramge § 53, 57

Regel: 1. Das Adjektiv wird im Komparativ in allen oben aufgeführten Fällen *nicht* flektiert. *Mer / mera* und *fler / flera* können synonym verwendet werden.
2. Die Superlativform wird nie flektiert, wenn sie prädikativ verwendet wird: *Din* väska är *tyngst. Dina* väskor är *tyngst. Det här* ämnet är *roligast. De här* ämnena är *roligast.* Siehe Übung B!

c) Die dritte Gruppe

Adjektive auf -**isk** und einige andere werden mit **mer[a]** und **mest** gesteigert:

Positiv		Komparativ	Superlativ
´kritisk	kritisch	mer[a] kritisk	mest kritisk / den mest kritisk**a** usw.
´praktisk	praktisch	mer[a] praktisk	mest praktisk / den mest praktisk**a** usw.

Die bestimmte Form lautet: den/det/de + **-a**: den mest kritisk**a** (nur der Artikel wird nach Genus und Numerus flektiert).

Ebenso beim *Partizip Perfekt:*

känd	bekannt	mer[a] känd	mest känd / den (det, de) mest ^{v}känd**a**
^{v}om´tyckt	beliebt	mer[a] omtyckt	mest omtyckt / den mest omtyckt**a** usw.

Ebenso beim *Partizip Präsens*:

^{v}spännande	spannend	mer[a] spännande	mest spännande
impo´nerande	beein-druckend	mer[a] imponerande	mest imponerande

Ramge § 53-55

Die bestimmte Form lautet den / det / de mest *spännande* (das Partizip Präsens wird nicht flektiert).

2. Vergleiche

2.1. Wenn es um *Unterschiede* geht, verwendet man im Komparativ die Konjunktion *än:*

Beispiele: Martin är *större än* sin bror.
Martin ist größer als sein Bruder.

Malin är [*mycket*] *äldre än* sin kusin.
Malin ist [viel] älter als ihr Cousin / ihre Cousine.

2.2. Wenn es um *vergleichbare* Erscheinungen geht, verwendet man *lika ... som*:

Beispiele: Han är *lika lång som* sin bror.
Er ist so groß wie sein Bruder.

Filmen är inte *lika spännande som* boken.
Der Film ist nicht so spannend wie das Buch.

Bröderna är *lika långa.*
Die Brüder sind gleich groß

Städerna är *lika stora.*
Die Städte sind gleich groß.

Ramge § 55 Anm. 2-3

Merke: Die Possessivpronomen *sin, sitt* und *sina* werden in Vergleichen benutzt, wenn sie Teil eines Prädikativs sind: Han är *längre än sin* bror. (Vgl. S. 94.)

3. Das Adjektiv nach einer Genitivform (Genitivattribut)

Nach einem *Genitivattribut* (z.B. Sveriges, Karins) steht das Adjektiv immer in der *bestimmten* und das Substantiv in der *un*bestimmten Form:

Sveriges större stad / städer
Schwedens größte Stadt / Städte

Aber: *den* störst*a* stad*en*; *de* störst*a* städer*na*
die größte Stadt; die größten Städte

Tysklands högsta berg (Sg.und Pl.)
Deutschlands höchster Berg / höchste Berge)

Aber: *det* högst*a* berg*et*; *de* högst*a* berg*en*
der höchste Berg; die höchsten Berge

Ramge § 50c

ÜBUNGEN

A. Setzen Sie das Adjektiv in den Komparativ!

Beispiel: Vatten / billig / vin → Vatten är billig*are än* vin.

1. min dator / dyr / Gustavs
   ....
2. vår trädgård / stor / deras
   ....
3. er bil / gammal / vår
   ....
4. trädet / hög / huset
   ....
5. jag / ung / min bror
   ....
6. den här kartan / bra / min
   ....
7. filmen / dålig / boken
   ....
8. hennes väska / tung / hans
   ....
9. engelska / rolig / gymnastik
   ....
10. den här motorn / snabb / den där
    ....
11. det här ölet / god / det där
    ....

B. Setzen Sie das Adjektiv in den Superlativ, sowohl in der bestimmten als auch in der unbestimmten Form!

Beispiele: Den här cykeln / billig → Den här cykeln är *billigast.*
Det är *den billigaste cykeln.*

1. Den här affären / bra ....
   Det ....
2. Den där lampan / snygg ....
   Det ....

3. De här barnen / liten ....

   Det ....

4. Det här kaféet / trevlig ....

   ....

5. De där kläderna / varm ....

   ....

6. De där äpplena / god ....

   ....

7. De här böckerna / dyr ....

   ....

8. Den här fisken / stor ....

   ....

9. Det där datorspelet / spännande ....

   ....

10. Den här motorn / snabb ....

   ....

C. Frågesport – Quiz

C.1. Beispiele: Vad heter Sveriges (stor) *stad*? (*största stad*)
→ Sveriges största stad heter Stockholm.
Vilket är Nordens (liten) *land*? (*minsta land*)
→ Nordens *minsta land* är Island.

1. Vad heter Skånes (stor) stad? (Malmö)

   ....

2. Vad heter Sveriges (hög) berg? (Kebnekaise 2123 m)

   ....

3. Vilket är Nordens (stor) land?

   ....

4. Vilken är Östersjöns (stor) ö? (Gotland)

....

5. Vilket är Sveriges (gammal) universitet? (Uppsala 1477)

....

6. Vad heter Sveriges (sydlig) landskap (Skåne)?

....

7. Vad heter Sveriges (nordlig) landskap (Lappland)?

....

C.2. Beispiel: Vilket universitet är äldst i Sverige: Lund (1668), Uppsala eller Umeå (1963)? – Uppsala är äldst.

8. Vilken sjö är störst av de här tre: Vättern, Vänern eller Mälaren?

....

9. Vilket landskap är minst: Västergötland eller Blekinge?

....

10. Vilka städer ligger närmast varandra?: Göteborg, Falun, Luleå?

....

11. Vilket berg är högst: Kinnekulle (307 m) eller Kebnekaise?

....

D. Vad tycker du?

1. Vad tyckte du bäst om i skolan?

....

2. Vilken bok eller film tycker du bäst om just nu?

....

3. Vem tycker du är störst, bäst eller vackrast av alla skådespelare, sångare och musiker?

....

E. Har du läst någon bok av Astrid Lindgren eller av någon annan svensk författare?
Vad tycker du om den? (*rolig, intressant, spännande, bra, enkel, dålig*)

F. Übersetzung ins Schwedische 15

1. Was ist am besten?
2. Als ich jünger war, mochte ich ABBA am liebsten.
3. Öland ist die zweitgrößte Insel Schwedens.
4. Die schwedischen Autoren und ihre besten Bücher.
5. Die bekanntesten Sänger und Musiker waren alle gekommen.*
6. Oft ist das Buch besser als der Film.
7. Er schwamm besser als er lief.
8. Das älteste Kind ist so groß wie das jüngste.
9. Denkst du manchmal daran (= *an das*)?
10. Deutschlands beste Weine
11. Göteborg ist Schwedens zweitgrößte Stadt.
12. Welche Haltestelle ist am nächsten?

* Die Pluralformen der Wörter auf *-are* werden in der Lektion 8 aufgeführt.

VOKABELN

A.

ᵛjäm´förelse -n -r	Vergleich
ᵛrolig [ɷ:] *Adj.*	lustig, schön
gymna´stik -en 0 [jym-]	Gymnastik; Sport
ᵛämne -t -n	Fach
plugg -et - *ugs. für* skola	„Penne"
ᵛinne´bandy -n 0	Hallen- oder Unihockey
orien´tering -en 0 [ɔ]	Orientierungslauf
ᵛganska	recht, ziemlich
kul *unveränd. Adj. ohne Steigerung*	lustig, schön, toll, cool
ᵛgilla [1]	mögen, schätzen
i alla ´fall	auf jeden Fall; sowieso; immerhin
ᵛsimma [1]	schwimmen
ung ´yngre yngst *Adj.*	jung jünger am jüngsten
ᵛhand´boll -en 0 [ɔ]	Handball *Sportart*

^{v}idrott -en -er [ɔ]	Sport
´engelska -n 0	Englisch
gilla ´bäst; tycka bäst ´om	am liebsten mögen
^{v}matte *ugs. für* matema´tik	Mathematik
näst	nächst-, zweit-
^{v}sakta *Adv.*	langsam, vorsichtig
se ´upp (för ngt.) [unreg]	(auf etwas) achten

B.

Vi på Saltkråkan	Dt. Titel: „Ferien auf Saltkrokan“
^{v}handla (om) [1]	handeln (von)
för´fattare -n -	Schriftsteller
^{v}hyra [2a]	mieten
^{v}skär´gård -en -ar	Schärengebiet
^{v}ensam´stående *Adj.*	alleinerziehend
fun´dera (över / på ngt)	nachdenken (über etw.), (etw.) überlegen
för´stå -står -stod [ω:] -stått [unreg.]	begreifen, verstehen
fin *Adj.*	*hier:* prächtig
^{v}o´lik [ω:] *Adj.*	verschieden, unterschiedlich
^{v}gammal ´äldre äldst *Adj.*	alt älter am ältesten
söt sött ^{v}söta *Adj.*	süß *hier:* hübsch
klok [ω:] *Adj.*	klug, gescheit, verständig
^{v}klyftig *Adj.*	gescheit
^{v}ung/e -en -ar *ugs.*	Kind
den som [ɔ] *Determinativpron.*	derjenige, der; der, der
mest *Superlativ von* ^{v}mycken *Adj.*	am meisten
fanta´si -n 0	Phantasie
^{v}o´rolig [ω:] [ω:] *Adj.*	unruhig *hier:* aufgeweckt
sta´bil *Adj.*	ausgeglichen
^{v}forskare -n - [ɔ]	Wissenschaftler

C.

an´nons -en -er (för) [ɔ]	Anzeige, Inserat (für)
tele^{v}fon´kort -et - [o:] [ω]	Telefonkarte
god´natt! [ω]	Gute Nacht!
^{v}ännu mer	noch mehr

˅tio ˅gånger [ω]	zehnmal
än *Konj.*	als
mer än	mehr als
puss -en ˅-ar	Küsschen
˅allra mest	am allermeisten
˅sova ´sover sov ˅sovit [o:] [4]	schlafen

Vokabeln im Grammatikteil und in den Übungen

enkel -t, ˅enkla *Adj.*	einfach
˅fråge´sport -en -er [ɔ]	Quiz
ö -n ˅-ar	Insel
˅nordlig [ω:] *Adj.*	nördlich
˅sydlig *Adj.*	südlich
närmast var´andra	am nächsten beieinander
˅skåde´spelare -n -	Schauspieler
˅sångare -n -	Sänger
´musiker -n -	Musiker
Best. Form Pl.: musikerna	

LEKTION 16 KOMMER NI IHÅG PER?

A. Kommer ni ihåg Per som hade semester i en vecka?

1. Per säger, att han är ledig i en vecka.
2. Han tror, att han och hans familj ska resa till Anna i Västerås.
3. Han antar, att de är hemma hos Anna och hennes familj på fredag.
4. Han hoppas, att de inte kommer för sent till Sala.
5. Han undrar, om de inte kan köra tillbaka på måndag.
6. Per förklarar, att han inte tänker grilla några korvar.
7. Pers fru undrar, om de inte ska köpa blommor till Kristina.
8. Per svarar, att de alltid brukar göra det.
9. Maja frågar sin pappa, om han inte kan hjälpa henne med det nya cykellåset och kolla däcken.

B. Fler frågor

Per har två kollegor på jobbet, Henrik och Agneta, som intresserar sig för Pers semester.
1. De vill veta, om det regnade på hans semester.
2. Henrik frågar honom, vart han och hans familj reste.
3. Agneta vill veta, om de ofta reser till Västerås.
4. Agneta undrar, när de reste och om det var mycket trafik på vägarna.
5. Henrik vill veta, var Anders jobbar.
6. Han vill gärna veta, på vilken restaurang de åt och om maten smakade bra.
7. Henrik frågar, hur långt det är mellan Västerås och Sala.
8. Agneta undrar, varför de inte övernattade hos släktingarna i Sala.
9. Henrik undrar, hur vädret var i Sala på veckoslutet.

När Per kom hem från Västerås, glömde han inte att ringa sin kusin Anna och tacka för senast och tala om att resan hem gått bra. Han hälsade också till hennes familj. Nästa dag ringde han också till sin moster Kristina och tackade henne för senast.

UTTRYCK

komma för sent	zu spät kommen
köra tillbaka	zurückfahren
intressera sig för något	sich für etwas interessieren
Vart reste ni?	Wohin seid ihr gereist?
När reste ni?	Wann seid ihr gereist?
Varför reste ni?	Warum seid ihr gereist?
På vilken restaurang?	In welchem Restaurant?
Vems kusin?	Wessen Kusin(e)?
Det har gått bra.	Es ist gut gegangen.
Tack för senast!	(Dank an den/die Gastgeber/in für die letzte Einladung)
Hälsa hela familjen!	Grüß die ganze Familie!

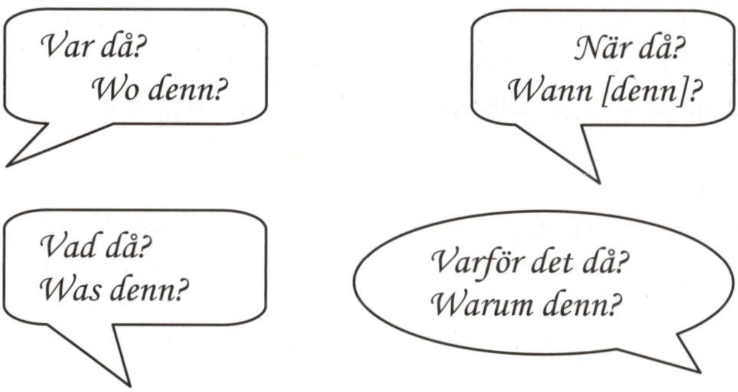

GRAMMATIK

1. Die indirekte Rede

1.1. Nebensätze in indirekter Rede werden durch die Konjunktion ***att*** eingeleitet:

Beispiel: Han säger, *att* han är ledig.
(direkte Rede: Jag är ledig.)

1.2. Indirekte Fragesätze ohne Fragewort werden durch die Konjunktion ***om*** eingeleitet:

Beispiel: De frågar, *om* vi kommer.
(direkte Frage: Kommer ni?)

2. Die „beweglichen Adverbien"

aldrig nie	alltid immer	alltså also
bara nur; erst	gärna gern	inte nicht
också auch	ofta oft	ju/nog ja; sicher
verkligen wirklich	väl wohl	redan schon
		Ramge §§ 311, 323

„Bewegliche Adverbien" nehmen im Verhältnis zum finiten Verb verschiedene Positionen ein, je nachdem in welchem Satztyp sie vorkommen. Vgl. die Übersicht im Wortstellungsschema S. 264f.

2.1. In der indirekten Rede und in indirekten Fragesätzen (Siehe 3.) weist der Nebensatz im Gegensatz zum Deutschen gerade Wortfolge auf:
Konjunktion + Subjekt + „bewegliches Adverb" + Prädikat

Beispiel: Han säger, *att hon inte har kommit*.
(direkte Aussage: Hon har inte kommit.)

2.2. Die Verneinung ***inte*** und andere sogenannte „bewegliche Adverbien" stehen also im Nebensatz *vor* allen Verben:

Beispiele: De säger, att de *alltid reser* till Sverige.
(direkte Aussage: Vi *reser alltid* till Sverige.)

Hon frågar, om han *inte kan komma*.
(direkte Frage: *Kan* du *inte komma*?)

3. Direkte und indirekte Fragen mit Fragewörtern

3.1. Das Frageadverb der direkten Frage, wie z.B. *var, vart, när, hur, varför, varifrån*, wird am Anfang des Nebensatzes der indirekten Frage wiederholt:

Direkte Frage	Indirekte Frage
Var bor du?	Han frågar, *var* hon bor.
Vart skall du resa?	Han undrar, *vart* hon skall resa.
När skall du resa?	Han vill veta, *när* hon skall resa.
Hur ska du komma dit?	Han frågar, *hur* hon skall komma dit.
Varför skall du resa?	Han frågar, *varför* hon skall resa.
Varifrån kommer datorn?	Han frågar, *varifrån* datorn kommer.

3.2. Die Fragepronomen (Interrogativpronomen)

vem, vems, Pl. *vilka*	fragen nach Personen,
vilken, vilket, vilka	fragen nach Person oder Sachen
vad	fragt nach Sachen

3.2.1. Wenn das Fragepronomen Objekt ist, wird es am Anfang des Nebensatzes der indirekten Frage wiederholt:

Direkte Frage	Indirekte Frage
Vem har du talat med?	Hon vill veta, *vem* han har talat med.
Vems kusin menar du?	Han frågar, *vems kusin* hon menar.
Vad tror du?	Han frågar, *vad* hon tror.
Vilken buss kan jag ta till stan?	Han undrar, *vilken buss* man kan ta till stan.
Vilket tåg ska du ta?	Han frågar, *vilket tåg* hon ska ta.
Vilka släktingar hälsade du på?	De frågar, *vilka släktingar* han hälsade på.
	Ramge § 311

3.2.2. Wenn das Fragepronomen Subjekt ist, wird im Nebensatz der indirekten Frage *som* hinzugefügt:

Direkte Frage	Indirekte Frage
Vem bor i Sala?	Henrik undrar, *vem som* bor i Sala.
Vilken buss går till stan?	Hon undrar, *vilken buss som* går till stan.
Vilka släktingar bor i Sala?	Han frågar, *vilka släktingar som* bor i Sala.
Vilka var med på resan?	Henrik undrar, *vilka som* var med på resan.
Vad smakade bäst?	Agneta vill veta, *vad som* smakade bäst.
	Ramge § 311

4. Hilfsverben im Nebensatz

Merke: Im Nebensatz kann das Hilfsverb weggelassen werden:

Hon vill veta, vem han [har] talat med.
Han frågade, vilket tåg hon [hade] tagit.

ÜBUNGEN

A. Bilden Sie *indirekte Fragesätze* (Nebensätze) aus den folgenden direkten Fragen und Behauptungen! Wählen Sie einen einleitenden Hauptsatz wie im Textabschnitt A!

Beispiele: De kommer nog idag. Han säger, att de nog kommer idag.
Igår var jag ju i stan. Han svarar, att han ju var i stan igår.

1. De spelar ofta datorspel.

   ....

2. Hans flickvän reser alltid till Lund.

   ....

3. Hon har redan flyttat till Uppsala.

   ....

4. Vi tänker inte åka tåg till Malmö.

....

5. Har han aldrig varit i Sverige?

....

6. På tisdag kan de inte komma.

....

7. Jag vill gärna ha en kopp kaffe.

....

8. Finns det inget socker? (Vgl. Lekt. 12)

....

9. Det finns inget bröd. (Vgl. Lekt. 12)

....

10. De hade också övernattat hos Pers familj.

....

B. Wandeln Sie die folgenden direkten Fragen in *indirekte Fragen* um und wählen Sie dabei einen einleitenden Hauptsatz wie im Textabschnitt B!

Beispiele:	Har du handlat?	Han frågar, *om* hon har handlat.
	Varför kom ni inte igår?	Vi undrar, *varför* ni inte kom igår?

1. Var bor de?

   ....

2. Hur långt är det mellan Stockholm och Uppsala?

   ....

3. Varför vill du inte komma?

   ....

4. När går tåget?

   ....

5. Har ni redan läst boken?

   ....

6. Kan någon öppna flaskan?

   ....

7. Hur många barn har de?

   ....

8. Varifrån kommer släktingarna?

   ....

9. Vart reste de på semestern?

   ....

10. Hur mycket kostar blommorna?

    ....

11. Hur ofta har du varit i Sverige?

    ....

C. Bilden Sie *indirekte Fragen* (Nebensätze) mit einem *Fragepronomen*. Wählen Sie dabei einen einleitenden Hauptsatz wie im Textabschnitt B!

Beispiele:	Vem träffade du i stan?	Jag undrar, *vem* du träffade i stan? (*Objekt*)
	Vilken dag passar bäst?	De vill veta, *vilken dag som* passar bäst? (*Subjekt*)

1. Vad kostade biljetterna?

   ....

2. Vilken dator är bäst?

   ....

3. Vilket tåg tog de?

   ....

4. Vems tidskrift ligger här på bordet?

   ....

5. Vem kommer i morgon?

   ....

6. Vem har du inte ringt till?

   ....

7. Vad har skett?

   ....

8. Vad ska vi göra nu?

   ....

9. Vad står det på affischen?

   ....

10. Vilka biljetter har betalats?

    ....

11. Vilka av er har inte sett filmen?

    ....

12. Vilket telefonnummer har du?

    ....

D. Setzen Sie die folgenden Sätze in die *indirekte Rede* und achten Sie dabei auf die Stellung der „beweglichen Adverbien"!

Die Formen *har* und *hade* des Hilfsverbs *ha* können im Nebensatz ausgelassen werden.

Beispiel: Jag *har aldrig varit* i Göteborg.→ Han säger, att *han aldrig [har] varit* i Göteborg.

1. Deras släktingar ringer ofta till dem. → De säger,

   ....

2. Man ska nog övernatta på vägen dit. → Han menar,

   ....

3. De har inte kommit. → Hon antar,

   ....

4. Ska du verkligen göra det? → Jag vill veta,

   ....

5. Har du redan gjort det? → Vi undrar,

   ....

6. Jag skulle gärna följa med på bio. → Hon svarar,

   ....

7. Cyklar hon aldrig till jobbet? → Han undrar,

   ....

8. Har du också sett filmen? → De frågar,

   ....

E. Schriftliche Übung zu Lektionstext B: Vad frågade Henrik och Agneta?

Formulieren Sie die direkten Fragen (1-9), die Henrik und Agneta stellten!
Beispiel: (1) Regnade det på din semester?

F. Berätta lite om dina släktingar!

Mamma och pappa är föräldrar.
Syster och bror är syskon (Geschwister).
moster och morbror (Tante und Onkel mütterlicherseits)
faster och farbror (Tante und Onkel väterlicherseits)
kusin (Cousin, Cousine)
mormor och morfar (Großeltern mütterlicherseits)
farmor och farfar (Großeltern väterlicherseits)

G. Übersetzung ins Schwedische 16

1. Wann wollt ihr reisen?
2. Sie hatten schon gegessen, als wir kamen.
3. Wir wussten nicht, wohin sie gefahren waren.
4. Warum besuchst du mich nicht im [kommenden] Sommer?
5. Warum fahren wir erst morgen zurück? – Weil (*därför att*) Per heute keine Zeit hat.
6. Er fragte die Frau, wo ihre Familie lebe (= *wohnt*).
7. Sie antwortete, dass die Familie in Uppsala lebe.
8. Können Sie mir sagen, wie ich zum Bahnhof komme?
9. Sie fragt, ob es gut schmeckt.
10. Er teilte mit, dass er in der nächsten Woche nicht zu Hause sei. (kein Konjunktiv)

VOKABELN

A.

komma [ɔ] i´håg (ngn / ngt) [4]	sich (an jmdn. / etwas) erinnern
ᵛan´ta -tar -tog [ω:] -tagit [4]	annehmen
för; för ´sent *Adv.*	zu; zu spät
om [ɔ] *Fragekonj.*	ob, falls
för´klara [1]	erklären, mitteilen
ᵛblomm/a -an -or [ω]	Blume
ᵛsvara (på ngt) [1]	(auf etwas) antworten
ᵛall´tid	immer
ᵛcykel´lås -et -	Fahrradschloss
ᵛkolla [ɔ] [1]	nachschauen, prüfen
däck -et -	Reifen

B.

intres´sera sig (för ngt) *Reflexives Verb* [1]	sich (für etw.) interessieren
vilja ^{v}veta [unreg.]	wissen wollen
vart *Fragendes Adv.*	wohin
^{v}ofta [ɔ]	oft
^{v}gärna	gern
tra´fik -en 0	Verkehr
^{v}smaka [1] bra (gott [ɔ])	gut schmecken
´varför	warum
^{v}över´natta [1]	übernachten
^{v}släkting -en -ar	Verwandte/r
^{v}tacka [1]	danken, sich bedanken
^{v}tacka (ngn) för senast	sich (bei jmdm.) für die Einladung bedanken
tala ´om [ɔ] [1]	erzählen, berichten
res/a -an -or	Reise
^{v}hälsa (till ngn) [1]	(jmdm.) Grüße bestellen

Vokabeln im Grammatikteil und in den Übungen

^{v}tala (med ngn) [1]	(mit jmdm.) sprechen
passa [1]	passen
syskon -et - [ɔ]	Geschwister
^{v}mor/´bror [ω] -´brodern [ω:] -´bröder	Onkel mütterlicherseits
^{v}moster mostern mostrar [ω]	Tante mütterlicherseits
^{v}far/´bror [ω] -´brodern [ω:] -´bröder	Onkel väterlicherseits
^{v}faster fastern fastrar	Tante väterlicherseits
^{v}mor/´mor [ω] -´modern [ω:] -´mödrar	Großmutter mütterlicherseits
^{v}mor/´far [ω] -´fadern -´fäder	Großvater mütterlicherseits
^{v}far/´mor [ω] -´modern [ω:] -´mödrar	Großmutter väterlicherseits
^{v}far/´far -´fadern -´fäder	Großvater väterlicherseits

LEKTION 17 SVENSKARNA OCH DERAS SOMMARSTÄLLEN

A. Många utlänningar är förvånade över att svenskarna vill bo i en enkel stuga på sin fritid. De flyttar ut på landet, där det varken finns pubar eller restauranger. Affärerna är ofta nedlagda och bussförbindelsen inställd. Vad gör de där egentligen? Det finns väldigt mycket att göra, om man har ett sommarställe. Man åker kanske dit till påsk, för att se till huset. Då börjar man genast att planera allt som ska göras under året.
- Vi ska måla fönstren och uthuset.
- Verandan skulle vi ju bygga om och taket måste lagas.
Nere vid badstranden ser man att bryggan är trasig. Den har blivit förstörd av isen och nu måste den också lagas. Så går man tillbaka till stugan, sätter sig i köket och dricker en kopp kaffe, äter en bulle och läser tidningen.
- Vi kan måla uthuset till pingst, så tar vi fönstren i sommar.

B. Till pingst hälsar några goda vänner på och inget blir målat. Så kommer äntligen semestern och solen skiner hela första veckan. Då vill man förstås bada och koppla av. Alla grannarna har kommit och dem har man inte sett på länge, så det finns mycket att prata om. Andra veckan regnar det och då kan man inte måla utomhus. Istället blir taket snabbt lagat och tillsammans med några grannar lagar man bryggan.

Den tredje veckan kommer och då får man bråttom och blir lite stressad, eftersom det inte är mycket tid kvar. Men det är sommar och man vill njuta av naturen och semestern, innan den långa och kalla vintern kommer. Sedan är semestern plötsligt slut, men man kommer ju tillbaka några gånger under hösten. Så står man den sista dagen vid den packade bilen och frågar varandra:

- Har vi burit ut alla väskorna? – Ja, de är utburna.
- Stängde vi av vattnet? – Javisst, det är avstängt.
- Låste vi uthuset? – Ja, det är låst.
- Är alla fönster och dörrar stängda? – Ja, det är de.
- Släckte du ljuset? – Ja, det är släckt.

- Uthuset blev inte målat och verandan blev inte ombyggd. Fönstren blev inte målade i år heller. De blir nog aldrig målade.
- Nej, det blev de inte, men taket blev lagat i alla fall. Nästa år hinner vi kanske...

UTTRYCK

Jag är förvånad.	Ich bin erstaunt.
flytta ´ut på landet	aufs Land ziehen
Vad gör de där?	Was machen sie da?
under året	während des Jahres
nere vid stranden	unten am Strand
Goda vänner hälsade ´på [oss].	Gute Freunde besuchten uns.
Vi har mycket att prata om.	Wir haben uns viel zu erzählen / viel zu besprechen.
andra veckan	die zweite Woche / in der zweiten Woche

De får (har) bråttom.	Sie haben es eilig. / Die Zeit drängt.
Man njuter av semestern.	Man genießt den Urlaub.
nästa år	nächstes Jahr / im nächsten Jahr

GRAMMATIK

Das Partizip Perfekt

Das Partizip Perfekt kann als Adjektiv oder zur Bildung des Passivs verwendet werden.

1. Das Partizip Perfekt als Adjektiv

	unbestimmte Form prädikative / attributive Stellung		bestimmte Form attributive Stellung
Utrum	dörren är **målad**	en **målad** dörr	den **målade** dörren
Neutr.	huset är **målat**	ett **målat** hus	det **målade** huset
Plural	fönstren är **målade**	två **målade** fönster	de **målade** fönstren

Merke: In der prädikativen Stellung (*dörren är målad*) verwendet man die gleiche Form des Partizip Perfekt wie in der attributiven Stellung (*en målad dörr*), obwohl das Substantiv in der bestimmten Form steht.

Beachte: Genus (Utrum & Neutrum):

Dörren är mål**ad**. **Aber:** Huset är mål**at**.
(Die Tür ist gestrichen. - Das Haus ist gestrichen.)

Numerus (Singular & Plural):

Huset är mål**at**. **Aber:** Fönstren är mål**ade**.
(Das Haus ist gestrichen. - Die Fenster sind gestrichen.)

Bestimmtheit & Unbestimmtheit:

en lag**ad** bil **Aber:** den lag**ade** bilen
(ein repariertes Auto - das reparierte Auto)

Vgl. auch die bestimmte Form des Adjektivs in Lektion 14.

Ramge §§ 118, 135-136, 167

2. Das Partizip Perfekt bei der Passivbildung

	Präsens	Präteritum
Utrum	*Bilen* blir lag*ad.* (wird repariert)	...blev lag*ad.* (wurde repariert)
Neutrum	*Taket* blir lag*at.* (wird repariert)	...blev lag*at.* (wurde repariert)
Plural	*Fönstren* blir lag*ade.* (werden repariert)	...blev lag*ade.* (wurden repariert)

	Perfekt	Futur
Utrum	*Bilen* har blivit lag*ad.* (ist repariert worden)	...ska bli lag*ad.* (wird repariert werden)
Neutrum	*Taket* har blivit lag*at.* (ist repariert worden)	...ska bli lag*at.* (wird repariert werden)
Plural	*Fönstren* har blivit mål*ade.* (sind gestrichen worden)	...ska bli mål*ade.* (werden gestrichen werden)

Vgl. auch die Passivbildung mit *-s* in Lektion 13.

Merke: Die Verben *laga* und *måla* werden nach der ersten Konjugation flektiert.

Die Formen des Partizip Perfekt der anderen Konjugationen (2.-4.) sowie der unregelmäßigen Verben befinden sich in der Übersicht auf Seite 209ff. Zu den im Text vorkommenden Verbformen mit Präfix *nedlagd, inställda, utburna, avstängd* und *ombyggd,* siehe Lektion 18.

Ramge §§ 120, 182

ÜBUNGEN

A. Setzen Sie die passende Form des Partizip Perfekt von Verben der ersten Konjugation als Adjektiv in unbestimmter und bestimmter Form Singular ein!

Beispiele:
(dörr/öppna) Dörren är öppnad. - den öppnade dörren
(hus/måla) Huset är målat. - det målade huset

1. (väska/packa) Väskan är .... den ....

2. (stuga/måla) Stugan är .... den ....

3. (tak/laga) Taket är .... det ....
4. (bil/parkera) Bilen är .... den ....
5. (fönster/öppna) Fönstret är .... det ....
6. (cykel/låna) Cykeln är .... den ....
7. (lägenhet/städa) Lägenheten är .... den ....
8. (ölburk/öppna) Ölburken är .... den ....
9. (uthus/städa) Uthuset är .... det ....

B. Setzen Sie die passenden Pluralformen ein!

Beispiele:
(dörr/öppna) Dörrarna är öppnade. - de öppnade dörrarna
(hus/måla) Husen är målade. - de målade husen

1. (väska/packa) Väsk .... de ....
2. (bord/måla) Bord .... de ....
3. (tak/laga) Tak .... de ....
4. (pengar/låna) Peng .... de ....
5. (bil/parkera) Bil .... de ....
6. (korv/grilla) Korv .... de ....
7. (rum/städa) Rum .... de ....
8. (äpple/skala) Äppl .... de ....
9. (säng/bädda) Säng .... de ....

C. Bilden Sie die unbestimmten Formen im Singular und im Plural aus den folgenden Partizip Perfekt-Formen!

Beispiele: den stressade mamman	Sg.: en stressad mamma
	Pl.: stressade mammor
det målade huset	Sg.: ett målat hus
	Pl.: målade hus

1. den grillade korven ....
2. den öppnade flaskan ....

3. den delade biten ....
4. det delade äpplet ....
5. den bäddade sängen ....
6. den planerade resan ....
7. det skalade äpplet ....
8. den fångade fisken ....

D. Setzen Sie die passenden Formen des Partizip Perfekt von Verben der zweiten Konjugation [2a und 2b] als Adjektive in unbestimmter und bestimmter Form. ein!
(Vgl. die Übersicht der Partizip Perfekt-Formen auf Seite 212f.)

Beispiele:

(dörr/låsa 2b)	unbest. Form:	Dörren är låst.
	best. Form:	den låsta dörren
(dörrar/låsa 2b)	unbest. Form:	Dörrarna är låsta.
	best. Form:	de låsta dörrarna
(fönster (Sg.)/stänga 2a)	unbest. Form:	Fönstret är stängt.
	best. Form:	det stängda fönstret
(fönster (Pl.)/stänga 2a)	unbest. Form:	Fönstren är stängda.
	best. Form:	de stängda fönstren

1. (bryggor/förstöra) ....
2. (lampa/släcka) ....
3. (biljetter/beställa) ....
4. (matställe/stänga) ....
5. (bilar/låsa) ....
6. (dörrar/stänga) ....
7. (stuga/hyra) ....
8. (fisk/steka) ....

E. Bilden Sie aus den *s*-Passivformen Passivsätze mit *bli* + Partizip Perfekt!

Beispiele:

Maten lagas.	(Präsens)	Maten blir lagad.
Maten lagades.	(Präteritum)	Maten blev lagad.
Maten har lagats.	(Perfekt)	Maten har blivit lagad.
Maten ska lagas.	(Futur)	Maten ska bli lagad.

1. Köket målades förra veckan. ....
2. Fönstren ska målas i sommar. ....
3. Barnen hämtas kl. 16. ....
4. Taket har lagats. ....
5. Väskorna har packats. ....
6. Resan planerades av oss. ....
7. Bitarna ska delas i två delar. ....
8. Bilen parkerades på gatan. ....
9. Vinet förvarades i källaren. ....
10. Barnet badades på kvällen. ....
11. Grannarna imponerades av arbetet. ....

F. Übersetzung ins Schwedische 17

In den Sätzen, die mit * markiert sind (1-9), können die Passivformen einmal mit dem *s -Passiv* und einmal mit *bli* + *Partizip Perfekt* gebildet werden. Die übrigen Sätze werden mit dem *s-Passiv* gebildet.

1. *Das Auto wurde näher *am* Haus geparkt. (ohne Präposition)
2. *Das Häuschen wird von uns gestrichen werden.
3. *Der Fußboden wurde repariert.
4. *Fenster und Türen sind geöffnet worden.
5. *Der Fußboden war gestrichen worden.
6. *Die Veranda wurde geputzt.
7. *Die Häuser wurden abgeschlossen.
8. *Die Nachbarn wurden geholt.
9. *Das Auto war von der Familie gepackt worden.

10. Das Licht muss ausgemacht werden.
11. Die geschälten und geschnittenen** Orangen und die halbierten (*dela*) Trauben werden gemischt.
12. Die Taschen müssen spätestens (*senast*) um acht Uhr abgeholt werden.

** Siehe das Verb *skära* in der Liste der starken und unregelmäßigen Verben, Seite 211.

VOKABELN

A.

ᵛsommar´ställe -t -n [ɔ]	Ferienhaus
ᵛut´länning -en -ar	Ausländer(in)
för´vån/ad -at -ade (över ngt.) *PP*	erstaunt (über etwas)
ᵛstug/a -an -or	Häuschen; Ferienhaus
ᵛfri´tid -en 0; på fritiden	Freizeit; in der Freizeit
flytta ´ut [2a] på landet	aufs Land ziehen
ᵛvarken ... ´eller	weder ... noch
pub -en ᵛ-ar	Kneipe, Pub
ᵛned´lag/d -t -da *PP von* lägga ´ned [unreg.]	*von Geschäften*: geschlossen
ᵛbussför´bindelse -n -r	Busverbindung, -linie
ᵛin´ställ/d -t -da *PP von* ställa ´in [2a]	eingestellt; *von Veranstaltungen*: ausgefallen
påsk -en; till påsk	Ostern; zu Ostern
se ´till (ngt) [unreg.]	nach (etw.) sehen
ᵛgenast	sofort
pla´nera [1]	planen
´under *Zeitpräp.*	während
ᵛmåla [1]	malen; [an]streichen
ᵛut´hus -et -	Nebengebäude, Schuppen
ve´rand/a -an -or	Veranda
bygga ´om [2a]	umbauen
ᵛlaga [1]	reparieren
ᵛbad´strand -en, -stränder	Badestrand
ᵛbrygg/a -an -or	Bootssteg
is -en ᵛ-ar	Eis; Eisfläche
för´störd, -´stört, -´störda *PP von* för´störa [2a]	zerstört
pingst -en; till pingst	Pfingsten; zu Pfingsten

B.

vän ´vännen ᵛvänner	Freund
ᵛäntligen	endlich
ᵛbada [1]	baden
koppla ´av [ɔ] [1]	entspannen
ᵛutom´hus	draußen; im Freien
ᵛlag/ad -at -ade *PP von* ᵛlaga [1]	repariert
få ᵛbråttom	es eilig haben; *hier*: die Zeit drängt
ᵛstress/ad -at -ade *PP von* ᵛstressa [1]	gestresst
tid kvar	Zeit übrig
ᵛnjuta njuter, njöt ᵛnjutit (av ngt) [4]	(etwas) genießen
ᵛplötsligt	plötzlich
slut -et -; vara ´slut; -	Ende; zu Ende (vorbei) sein
ᵛpack/ad -at -ade *PP von* ᵛpacka [1]	gepackt
var´andra *auch*: varann *Reziprokes Pron.*	einander; *hier auch:* sich [gegenseitig]
ᵛut´bur/en -et -na *PP von* bära ´ut [4]	hinausgetragen, -gebracht
låst, låst, ᵛlåsta *PP von* ᵛlåsa [2b];	[ab]geschlossen
släckt, släckt, ᵛsläckta *PP von* ᵛsläcka [2b]	ausgeschaltet, -gemacht
ljus-et -	Licht
stängd, stängt, ᵛstängda *PP von* ᵛstänga [2a]	[ab]schließen
ᵛmål/ad -at -ade *PP von* ᵛmåla [1]	gestrichen, gemalt
ᵛom´byggd, om´byggt, om´byggda [ɔ] *PP von* bygga ´om [2a]	umgebaut

Vokabeln in den Übungen

ᵛöl´burk -en -ar	Bierdose
ᵛar´bete -t -n	Arbeit; Arbeitsstelle

LEKTION 18 ATT PLUGGA

A. Många ungdomar som har slutat gymnasieskolan börjar inte genast studera på universitetet. De vill tjäna pengar eller resa utomlands, innan de börjar tänka på framtiden.

Marie Eriksson är 23 år gammal och uppvuxen i Solna nära Stockholm. Hon jobbade på en firma i ett och ett halvt år, innan hon började plugga. Nu har hon läst företagsekonomi i tre terminer i Uppsala och trivs jättebra där.

- Det är inte så långt hemifrån och det känns skönt, tycker jag. Man har sina gamla kompisar från skolan kvar hemma i Solna och kan träffas ibland på veckosluten. Några av dem läser också här i Uppsala. Om man vore tvungen att flytta till en stad, där man inte hade några vänner, skulle det nog kännas tråkigt i början.

B. *Fredrik Lundgren* är 21 år och kommer från Trelleborg i Skåne, där han jobbade på en ungdomsgård i ett halvår. Nu har han just flyttat upp till Sundsvall i Norrland, där han läser medie- och kommunikationsvetenskap. Det är långt hemifrån, mer än nittio mil. Då åker man inte hem över veckoslutet så ofta.

- Nej, det gör man inte precis. Jag hade tur och kunde flytta in på en jättetrevlig studentkorridor, när jag kom hit för två månader sedan. Det betyder mycket, när man är nybliven student och inte känner någon i stan. Jag kunde hänga med på olika aktiviteter och nu har jag lärt känna många människor. Studierna tar mer tid än man tror. Hittills har jag bara haft en tenta. Det var väldigt nervöst. Jag trodde, att jag var sämst på provet, men det var flera som var sämre än jag. Det känns skönt att veta att man klarade av det. Jag känner mig väldigt motiverad att stanna här och ta min examen. Om allt går bra, är jag färdig om tre år.

(Källa: Studenthandboken 1998 - 2003)

UTTRYCK	
läsa (på universitetet)	(an der Universität) studieren
tjäna pengar	Geld verdienen
resa (åka, fara) utomlands	ins Ausland reisen
över veckoslutet	übers Wochenende
Vill du hänga ´med?	Willst du mitkommen?
ha tur	Glück haben
ha ᵛo´tur	Pech haben
lära känna någon	jemanden kennen lernen
Det känns bra (tråkigt).	Es ist schön (unschön, trist).

Några intressanta hemsidor för studenter:
www.sfs.se, www.studera.nu, www.vhs.se

GRAMMATIK

1. Partikelverben

Verben mit betonter Partikel sind als Partizipen immer fest zusammengesetzt:

Partikelverb	Partizip Perfekt	
plocka ´upp [1]	ᵛup´plock/ad -at -ade	aufgesammelt -gehoben
stänga ´av [2a]	ᵛav´stäng/d -t -da	abgeschlossen; ausgemacht, abgestellt
tycka ´om [2b]	ᵛom´tyck/t -t -ta	beliebt
strö ´över [3]	ᵛöver´strö/dd -tt -dda	bestreut
växa ´upp [2b / 4]	ᵛupp´vux/en -et -na	aufgewachsen
		Ramge §§ 136, 167

Die vollständigen Formen befinden sich in der Übersicht Seite 212f.

2. Die Konjunktion *om* in Bedingungssätzen

In einem Bedingungssatz (Konditionalsatz) wird der Nebensatz durch *om* eingeleitet:

> *Om* allt går bra, *är jag färdig* om tre år.
> *Jag är färdig* om tre år, *om* allt går bra.

Om bilen är trasig, *kan jag inte* komma.
Jag kan inte komma, *om* bilen är trasig.

Om man vore tvungen att flytta, *skulle det vara* tråkigt.
Det skulle vara tråkigt, *om* man vore tvungen att flytta.

Zur Wortstellung siehe Lektion 12, 16 und das Wortstellungsschema S. 262f.
Ramge § 148

Konjunktivformen werden im Schwedischen hauptsächlich in der Schriftsprache verwendet und können nur von wenigen starken oder unregelmäßigen Verben gebildet werden, wie z.B.:

bli: *bleve* få: *finge* gå: *ginge* ta: *toge* vara: *vore*
Ramge §§ 121.2 und 146

3. Ortsadverbien

Bei den Ortsadverbien unterscheidet man zwischen Formen, die eine Ortsangabe (Wo?) und solchen, die eine Richtungsangabe (Wohin?) ausdrücken:

Wo?	Wohin?
De är **borta**. Sie sind weg. / Sie sind verreist.	De reser **bort**. Sie verreisen.
Han är **där**. Er ist dort.	Han går **dit**. Er geht dorthin.
De är **här**. Sie sind hier.	De kommer **hit**. Sie kommen hierher.
Hon är **inne**. Sie ist drinnen.	Hon går **in**. Sie geht hinein.
De är **nere** i källaren. Sie sind unten im Keller.	Gå **ner** i källaren! Geh hinunter in den Keller!
Vi är **uppe** på berget. Wir sind oben auf dem Berg.	Vi går **upp** på berget. Wir gehen auf den Berg (hinauf).
Vi är **ute**. Wir sind draußen.	Vi går **ut**. Wir gehen hinaus.
Jag är **hemma**. Ich bin zu Hause.	Vi kör **hem**. Wir fahren nach Hause.

4. Der Gebrauch des Verbs känna – känna sig – kännas

4.1. känna känner kände känt [2a]

a) känna en person väl	eine Person gut kennen
b) känna varandra	sich/einander kennen
c) känna glädje	Freude fühlen (verspüren)
d) känna [med handen] på något	mit der Hand etw. tasten (anfassen; probieren)
e) lära känna ngn	jmdn. kennen lernen

Mit Partikel:

f) känna i´gen en person	eine Person [wieder-] erkennen
g) känna ´till ngn; (ngt)	von jmdm. wissen; jmdn. kennen; sich auskennen
Det känner jag inte ´till.	Davon weiß ich nichts.
Han känner ´till vägen.	Er kennt den Weg.

4.2. känna sig

a) känna sig sjuk (trött, hungrig, älskad)
sich krank (müde, hungrig, geliebt) fühlen
Plural: Vi känner oss sjuka (trötta, hungriga, älskade).

b) känna sig glad över ngt	sich über etw. freuen
c) känna sig dålig	sich unwohl fühlen

4.3. kännas (unpersönliche Konstruktion, vgl. Deponentien, Lektion 13.)

a) Det känns inte.	Man spürt (fühlt) es nicht.
b) Det känns kallt i rummet (ute).	Es ist kalt im Zimmer (draußen).
c) Hur känns det?	Wie fühlen Sie sich? Wie geht es dir (Ihnen)?
d) Det känns bra (inte bra).	Mir geht es gut (nicht gut).
e) Det känns skönt.	Es ist angenehm.
f) Det känns inte bra [att göra ngt].	Es ist nicht gut [etwas zu tun].

ÜBUNGEN

A. Bilden Sie die drei Partizip Perfekt-Formen (Utrum, Neutrum und Plural) aus folgenden Verben mit betonter Partikel
Die Formen der jeweiligen Verbkonjugationen finden Sie auf S. 209ff.

Beispiele:

stänga ´av [2a]	avstängd	avstängt	avstängda
bära ´ut [4]	utburen	utburet	utburna

1. flytta ´in [1] ....
2. låna ´ut [1] ....
3. lägga fram [unreg.] ....
4. ställa ´in [2a] ....
5. lägga ´ned [unreg.] ....
6. bygga ´om [2a] ....
7. hänga ´upp [2a] ....
8. ta ´ut [4] ....
9. plocka ´upp [1] ....
10. tycka ´om [2b] ....
11. torka ´av [1] ....
12. hälla ´upp [2a] ....

B. Bilden Sie von den folgenden Partikelverben das Partizip Perfekt und verwenden Sie es als prädikatives Adjektiv. In dieser Stellung, d.h. nach einer Form der Verben *vara* und *bli*, steht das Adjektiv *immer* in der *unbestimmten* Form.

Beispiele:	bära ut [4] / skräpet	Skräpet är *utburet.*
	tycka om [2b] / böcker	Böckerna är *omtyckta.*

1. stänga av / cd-spelaren	Cd-spelaren är ....
2. stänga av [2a] / motorer	Motorerna var ....
3. låna ut [1] / boken	Boken är ....

4. låna ut [1] / böckerna	Böckerna var ....
5. ställa in [2a] / bussförbindelsen	Bussförbindelsen var ....
6. lägga ned [unreg.] / affärerna	Affärerna är ....
7. bygga om [2a] / kaféet	Kaféet är ....
8. bygga om [2a] / husen	Husen var ....
9. tycka om [2b] / datorspel	Datorspelet är mycket ....
10. växa upp [2b/4] / barnen	Barnen är .... i Luleå.
11. lägga ned [unreg.] / bensinstationen	Bensinstationen är ....

C. Bilden Sie Ausdrücke mit dem Partizip Perfekt in attributiver Stellung (vor dem Substantiv) in unbestimmter und bestimmter Form. (Vgl. die bestimmte Form des Adjektivs in Lektion 14.)

Beispiele:	<u>Unbestimmte Form</u>	<u>bestimmte Form</u>
tycka om [2b] / boken	en omtyckt bok	den omtyckta boken
tycka om [2b] / böcker	omtyckta böcker	de omtyckta böckerna

1. stänga av [2a] / cd-spelare (Sg.)

   ....

2. låna ut [1] / datorspel (Pl.)

   ....

3. ställa in [2a] / grejor

   ....

4. stänga av [2a] / del

   ....

5. ta ut [4] / pengar

   ....

6. ställa in [2a] / lektion

   ....

7. hänga upp [2a] / foto

   ....

8. hänga upp [2a] / kläder

   ....

9. tycka om [2b] / biograf

   ....

10. stänga av [2a] / kylskåp (Sg.)

    ....

11. hänga upp [2a] / lampa

    ....

12. bygga om [2a] / hus (Pl.)

    ....

D. Wandeln Sie die folgenden Aktivsätze in Passivsätze um und verwenden Sie dabei das Passiv mit *bli* + Partizip Perfekt!

Flexion der PP-Formen:

(bok / låna ut):	Sg. + Utrum + unbest. Form des Partizips
(hus / bygga om):	Sg. + Neutrum + unbest. Form des Partizips
(stolar / bära ut):	Pl. + Pl. der Partizips

Beispiele:

låna ut [1]	(aktiv):	Biblioteket *lånar ut* boken.
	(passiv):	Boken blir *utlånad.*
bygga om [2a]	(aktiv):	Man *byggde om* huset.
	(passiv):	Huset blev *ombyggt.*
bära ut [4]	(aktiv):	Jag *bär ut* stolarna.
	(passiv):	Stolarna blir *utburna.*

1. stänga av [2a]: Emma stänger av cd-spelaren.

   passiv: ....

2. låna ut [1]: De har lånat ut böckerna.

   passiv: ....

3. ställa in [2a]: Man ställde in bussförbindelserna.
   passiv: ....
4. stänga av [2a]: Har man stängt av vattnet?
   passiv: ....
5. lägga ned [unreg.]: De lade ned affären.
   passiv: ....
6. hänga upp [2a]: Hon har hängt upp kläderna.
   passiv: ....
7. bygga om [2a]: Man byggde om museet.
   passiv: ....
8. lägga ned [unreg.]: Man lade ned skolorna.
   passiv: ....
9. låna ut [1]: De hade lånat ut fotot.
   passiv: ....
10. ta ut [4]: Man hade tagit ut pengar.
    passiv: ....
11. bära ut [4]: Männen bar ut möblerna.
    passiv: ....
12. hälla upp [2a]: Man har hällt upp juicen.
    passiv: ....
13. klara av [1]: Det ska vi klara av.
    passiv: ....

E. Stellen Sie die folgenden Bedingungssätze um!

Präsens*:* *Om* ni går rakt fram, *kommer ni* till posten.
Ni kommer till posten, *om* ni går rakt fram.

Präteritum: *Om* du skyndade dig, *skulle vi* hinna.
Vi skulle hinna, om du skyndade dig.

1. Om vädret blir vackert, cyklar vi till badstranden.

....

2. Om man flyttar hemifrån, behöver man mer pengar.

....

3. Om vi har tur, hinner vi till bussen.

....

4. Om jag klarade tentan, skulle jag bli jätteglad.

....

5. Om jag tog ut pengar, kunde vi gå på restaurang.

....

6. Om jag läste ekonomi, skulle jag nog få ett bra jobb.

....

7. Om du kunde hjälpa mig, skulle vi snart vara färdiga.

....

8. Om det regnar, kör vi inte till stan.

....

F. Setzen Sie das passende Ortsadverb ein:

1. här / hit	Kom ....!
2. där / dit	Vi kör ....
3. inne / in	Är de ....?
4. ute / ut	Vi flyttar .... på landet.
5. inne / in	De har kört ....till stan.
6. hemma / hem	Är ni ....i morgon kväll?
7. nere / ner	Gå ....i källaren!
8. uppe / upp	De har flyttat ....till Norrland.
9. borta / bort	Vi är ....nästa vecka.
10. borta / bort	Ska du gå ....i kväll?

G. Skriv en text om ”Min korridor” eller om ”Den första lägenheten”!

H. Übersetzung ins Schwedische 18

1. Hinter (*bakom*) geschlossenen Türen
2. Nach dem Gymnasium verdiente sie Geld, bevor sie ins Ausland fuhr.
3. Ich wohne seit zweieinhalb Jahren hier oben in Sundsvall.
4. Wenn ich am Wochenende nach Hause fahre, könnte ich meine Freunde treffen. (träffa)
5. Was mache ich, wenn das Buch ausgeliehen ist?
6. Wenn er seinen Führerschein gemacht hat, will er mit dem Auto nach Schweden fahren.
7. Sie gingen alle hinaus, weil das Wetter so schön war.
8. Wenn es nicht so weit wäre, würde ich mitkommen.
9. Das Geld war [vom Konto] abgehoben.
10. Wenn du hierher kommst, siehst du besser.

VOKABELN

A.

^{v}plugga [1] *ugs.*	studieren; lernen
^{v}gymnasie´skol/a -an -or [ɷ:]	Schulform nach der Pflichtschule
stu´dera [1]	studieren
universi´tet -et -	Universität
läsa på / vid universi´tet[et]	an einer/der Universität studieren
tjäna [1] ´pengar	Geld verdienen
^{v}utom´lands [ɔ]	ins / im Ausland
^{v}fram´tid -en 0	Zukunft
^{v}upp´vux/en -et -na	aufgewachsen
PP von växa ´upp [2b/4]	aufwachsen
^{v}växa ´växer ^{v}växte, växt / ^{v}vuxit [2b/4]	wachsen
^{v}företagsekono´mi -n 0 [ɔ] [ɔ]	Betriebswirtschaft
^{v}hemi´från	von zu Hause
ha ´kvar	noch haben
^{v}vecko´slut -et - ; på veckoslutet [ɷ]	Wochenende; am Wochenende
^{v}vore [ɷ:] *Konjunktiv von* ^{v}vara	wäre / wärest / wäret / wären
^{v}tvung/en -et -na *PP von* tvinga [4]	gezwungen

^{v}tråkig *Adj.*	trist; langweilig
i ^{v}början	am Anfang

B.

^{v}ungdoms´gård -en -ar [o:]	Jugendeinrichtung
halvår -et -	Halbjahr, halbes Jahr
upp *Adv.*	hinauf
^{v}medie- och kommunikations- [ɔ] [ω:] veten´skap -en -er	Medien- u. Kommunikations-wissenschaft
mil -en - *Längenmaß*	zehn Kilometer
över ^{v}vecko´slutet [ω]	übers Wochenende
pre´cis	genau *hier*: gerade
ha ´tur	Glück haben
flytta ´in [1]	einziehen
stu^{v}dentkorri´dor -en -er [ɔ] [o:]	Flur im Studentenwohnheim
hit *Adv.*	hierher
be/´tyda -tyder -tydde -tytt [unreg.]	bedeuten
^{v}ny´bliv/en -et -na *PP von* bli [4]	frisch gebacken
stu´dent -en -er	Student
^{v}känna ´känner, ^{v}kände, känt [2a]	kennen; fühlen
hänga ´med [2a] *ugs.*	mitkommen, mitmachen
aktivi´tet -en -er	Veranstaltung
lära [2a] ^{v}känna	kennen lernen
´studier -na *Pl.*	Studium
^{v}hittills	bisher
^{v}tent/a -an -or *ugs. für* ten´tamen	Prüfung (schriftlich oder mündlich)
ner´vös *Adj.*	nervös; *hier*: aufregend
prov -et - [ω:]	Prüfung; Test
det känns skönt [2a]	*ung.* es ist gut zu wissen
klara ´av ngt [1]	etwas schaffen; erledigen
^{v}känna sig [2a] *Reflexives Verb*	sich fühlen
moti´vera [ω][1]	motivieren
(en) e´xamen *(best. Form Sg.=)* *Pl.*: ex´amina *(best. Form Pl..=)*	Examen
ta [en] e´xamen [4]	Examen machen
^{v}käll/a -an -or	Quelle
^{v}hem´sid/a -an -or	Homepage

Vokabeln im Grammatikteil und in den Übungen

bort [ɔ]; gå bort	fort, weg; ausgehen
^{v}borta [ɔ]	fort, weg
^{v}inne	drinnen
in	hinein
ner / ned	hinunter
^{v}uppe	oben
^{v}ute	draußen
ut	hinaus
^{v}glädje -n 0	Freude
^{v}hungrig *Adj.*	hungrig
låna ´ut [1]	ausleihen
ta ´ut [4] pengar	Geld [vom Konto] abheben
^{v}hinna [4] till ´bussen	rechtzeitig zum Bus kommen
^{v}träffa [1]	treffen

LEKTION 19 STOCKHOLM – EN STAD VID VATTNET

A. Staden består av sammanlagt fjorton öar, som ligger där Mälaren rinner ut i Östersjön. På 1200-talet bebyggdes den lilla ön Stadsholmen, numera kallad Gamla stan eller Staden mellan broarna. Den ligger mitt i Strömmen, vattnet mellan Mälaren och havet. Genom denna äldsta stadsdel går dessutom gränsen mellan landskapen Uppland i norr och Södermanland i söder. Dessa två landskap var del av det ursprungliga Sverige, Sveariket.

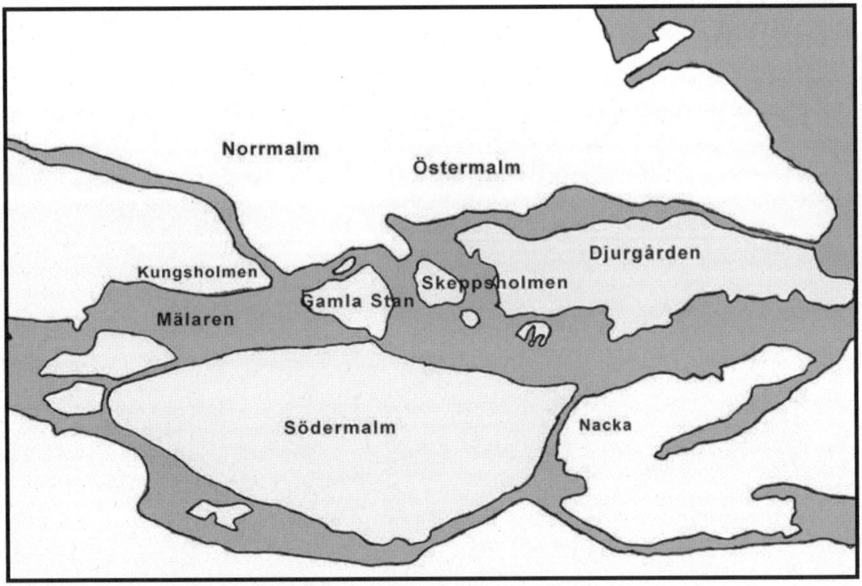

Stockholms Stadtteile

Den medeltida Gamla stan har bevarat mycket av sitt utseende till modern tid. Staden växte under medeltiden och hade snart inte plats för befolkningen. Istället bosatte man sig på malmarna. Vid slutet av 1500-talet bodde redan en fjärdedel av stockholmarna på Södermalm och på Norrmalm. Stockholms fem stadsdelar: Gamla stan, Norrmalm, Södermalm, Kungsholmen och Östermalm utgör själva staden – det är „staden inom tullarna". Storstockholm med förorter och ytterområden har idag ungefär 1,2 miljoner invånare.

B. Det fantastiska läget vid vattnet gör Stockholm till en naturupplevelse. Mitt i staden är vattnet så rent, att man kan bada där och att folk står och fiskar nedanför Kungliga Slottet är inte ovanligt. På sommaren är det till och med möjligt att paddla kanot inne i centrala Stockholm och på vintern att åka skidor och skridskor. Om man vill ut i skärgården, tar man någon av de vita skärgårdsbåtarna och är på några timmar ute i levande natur.

En skärgård är en samling större och mindre öar, holmar och skär nära en kust. Stockholms skärgård består av 24.000 stora och små öar och klippor, som inte alla är bebodda. Skärgården sträcker sig över 150 kilometer från norr till söder och dess högsta bredd är 80 km.

C. Sverige indelas i tre huvuddelar: Svealand, Götaland och Norrland. De sex landskapen i mellersta Sverige - Uppland, Södermanland, Västmanland, Närke, Dalarna och Värmland - tillhör Svealand. Alla landskap norr om Svealand tillhör Norrland och alla söder därom Götaland. Flera av landskapen i Götaland blev svenska först under 1600-talet.

UTTRYCK	
Skidorna tillhör mig.	Die Skier gehören mir.
Sex landskap tillhör Svealand.	Sechs Provinzen gehören zu Svealand.
på / under 1200-talet	im 13. Jahrhundert
under / på medeltiden	im Mittelalter
Det är så rent att man kan bada där.	Es ist so sauber, dass man dort baden kann.
Landet indelas i tre delar.	Das Land gliedert sich in drei Teile.

GRAMMATIK

1. Das Demonstrativpronomen *denna, detta, dessa* - dieser, diese, dieses

Das Substantiv steht nach dem Demonstrativpronomen *denna, detta, dessa* immer in der *un*bestimmten Form im Gegensatz zum Demonstrativpronomen *den (det, de) här* (vgl. Lektion 8):

Utrum	Neutrum	Plural
denna stad	detta läge	dessa öar
diese Stadt	diese Lage	diese Inseln
den här staden	det här läget	de här öarna
diese Stadt	diese Lage	diese Inseln

Denna, detta, dessa ist vor allem ein Pronomen der Schriftsprache, während das synonyme Pronomen *den (det, de) här* eher in der gesprochenen Sprache verwendet wird.

2. Die Formen des Adjektivs und des Substantivs nach einigen Bestimmungswörtern

2.1. Nach einem Possessivpronomen (*min, din, hans,* usw.), dem Demonstrativpronomen (*denna, detta, dessa; samma*) oder einem Genitivattribut, wie z.B. *älgens*, *Sveriges* (vgl. Lektionen 14, 15) steht das Adjektiv in der *bestimmten* und das Substantiv in der *un*bestimmten Form:

Utrum	Neutrum	Plural
min bäst**a** vän mein bester Freund	mitt gaml**a** hus mein altes Haus	mina bäst**a** vänner meine besten Freunde
denna stor**a** stad diese große Stadt	detta vackr**a** läge diese schöne Lage	dessa stor**a** städer diese großen Städte
Stockholms gaml**a** stad Stockholms Altstadt	Stockholms vackr**a** läge Stockholms schöne Lage	Gamla stans trång**a** gator die engen Straßen der Altstadt

Das unveränderliche Demonstrativpronomen *samma* kann nur attributiv stehen:

samma trång**a** gata	(dieselbe enge Straße)
samma gaml**a** hus	(dasselbe alte Haus)
samma trång**a** gator	(dieselben engen Straßen)

Ramge §§ 48-50; 80

2.2. Der Artikel entfällt in Ausdrücken, die den Status eines Namens bekommen haben:

Kungliga Slottet	von:	det kungliga slottet
Gamla stan	von	den gamla staden / stan
Akademiska sjukhuset	von:	det akademiska sjukhuset

Ramge § 47.1

Vgl. die bestimmte Form des Adjektivs in der Lektion 14 und die Übersicht auf Seite 214.

2.3. *Nästa*, *samma*, *följande*

Nach *nästa, samma, följande* (nächster, derselbe, folgender) steht das Substantiv immer in der *un*bestimmten Form:

nästa dag, nästa vecka, nästa månad, nästa år
samma dag, samma vecka, samma månad, samma år
följande dag, följande år, följande vecka, följande månad

Im Deutschen können solche Zeitausdrücke durch Präpositionen eingeleitet werden und in der bestimmten Form stehen, wie z.B.: in der nächsten Woche, im nächsten Jahr, am folgenden Tag. Im Schwedischen bleibt die unbestimmte Form auch in den Fällen erhalten, in denen eine Präposition vorangeht:

i nästa vecka (månad, år), i samma vecka (månad, år)
i följande vecka (månad, år)

Ramge § 46.1e

2.4. *Halva* und *hela*

Nach den unveränderlichen Formen *halva, hela* (halb, ganz) als Attribut steht dagegen das Substantiv in der *bestimmten* Form:

> halva dagen, halva veckan, halva året
> hela dagen, hela månaden, hela året
>
> Ramge § 47.4

Aber: koppen är hel, glaset är helt, glasen är hela

3. Genitivausdrücke

Der Genitiv kann im Schwedischen auch *Zeit, Maß* oder *Art* ausdrücken:

3.1. Zeit:

en timmes resa	eine einstündige Reise
en veckas semester	eine Woche Urlaub
tio minuters paus	Pause von zehn Minuten
med tre timmars försening	mit drei Stunden Verspätung

3.2. Maß:

en dags arbete	die Arbeit eines Tages
hundratals invånare	Hunderte von Einwohnern
sju sorters kakor	sieben Sorten Plätzchen

3.3. Art:

en sorts frukt	eine Art Obst
ett slags ost	eine Art Käse

Ramge § 38.4

ÜBUNGEN

A. Setzen Sie die passenden Formen des Adjektivs und des Substantivs nach einigen Bestimmungswörtern ein!

Beispiele:

Denna (tradition) kallas kräftskiva.	*Denna tradition* kallas kräftskiva.
Han var hemma *hela* (vecka).	Han var hemma *hela veckan.*
Deras (ny) (kanot) var dyr.	*Deras nya kanot* var dyr.
Stockholms (äldst) (stadsdel)	*Stockholms äldsta stadsdel*

1. Han var där samma (vecka) .... som jag.
2. Vilken av dessa (tidskrift) .... är din?
3. Det är mina (ny) (cd-skiva) ....
4. I det där (stor) (hus) .... har jag bott.
5. Har vi inga (liten) (gaffel) ....?
6. Finns det några (svensk) (tidning) .... i kiosken?
7. Vi kommer nästa (månad) ....
8. De (nybliven) (föräldrar).. njöt av semestern.
9. Är detta Sveriges (störst) (rovdjur) ....?
10. Kan jag få de där (stor) (apelsin) ....?
11. Det finns inga (tysk) (båt) .... i hamnen just nu.
12. Vems (plats) .... är det här?
13. Det där är hennes (nyköpt) (kläder) ....
14. Vilka av (nycklar) .... är våra?
15. Är det här din (vanlig) (väg) .... till jobbet?
16. Har ni inga (färsk) (kanelbulle) ....?
17. Ulf arbetar samma (dagar) .... som Per.
18. Följande (vecka) .... mejlade han till firman.
19. Kan du ge mig de där (papper) .... som ligger där?
20. Dessa (omtyckt) (öar) .... ligger i skärgården.

21. Har du sett mitt (ny) (cykellås) ....?
22. Jag skulle vilja ha ett (sådan) (sommarställe) ....
    ....
23. Nästa (år) .... ska jag åka till Afrika.
24. På fredag denna (vecka) .... är vi lediga.
25. Förra (år) .... var jag i Spanien.
26. Halva (klass) .... spelade fotboll.
27. Fem minuters (paus) .... vore skönt.
28. Stadens (vacker) (läge) .... vid vattnet.
29. Denna (tråkig) (händelse) ....
    .... kunde de inte glömma.
30. Det är ett slags (efterrätt) ....

B. Übersetzung ins Schwedische 19

1. In der nächsten Woche rufe ich euch an.
2. Die Grenze zwischen Schweden und Norwegen verläuft (*gå*) durch das Gebirge (Pl.).
3. Das Stockholmer (= Genitivform) Schärengebiet (*skärgård*) besteht aus mehreren Tausend Inseln.
4. Einige sind nur kleine, unbewohnte Felsen.
5. Andere sind große Inseln mit Hotels und Restaurants.
6. Wo die Stadt liegt, begegnen sich (*mötas*) See und Meer.
7. Heute ist es so warm, dass man nur am (*på*) Strand liegen möchte.
8. In weniger als einer halben Stunde hatten wir es geschafft.
9. Den ganzen Tag war er draußen im Schärengebiet.
10. In den Außenbezirken der Stadt gibt es auch viel zu sehen.

VOKABELN

be´stå -står -stod [ɷ:]-stått (av) [unreg.]	bestehen (aus)
^{v}samman´lagt *PP von* ^{v}lägga [unreg.]	insgesamt
^{v}rinna ´rinner rann ^{v}runnit [4]	fließen, laufen
rinna ´ut	fließen in, münden in
på ^{v}1200 ´-talet	im 13. Jahrhundert
be´bygga [2a]	bebauen

´numera	heutzutage; jetzt; mittlerweile
bro -n ^{v}-ar [ɷ:]	Brücke
´mitt ´i *Präp.*	mitten in
ström ´-men ^{v}-mar	Strom; Strömung
´genom [ɔ] *Präp.*	durch
^{v}denna ^{v}detta ^{v}dessa *Demonstrativpron.*	dies/e -r -s
^{v}stads´del -en -ar	Stadtteil
´dessutom [ɔ]	außerdem, ferner
gräns -en ^{v}-er	Grenze
^{v}ur´sprunglig *Adj.*	ursprünglich
^{v}medel´tida *unveränderliches Adj.*	mittelalterlich
be´vara [1]	behalten, bewahren
^{v}ut´seende -t -n	Aussehen, Erscheinungsbild
mo´dern [ɷ] *Adj.*	modern
^{v}medel´tid -en 0	Mittelalter
plats -en ^{v}-er	Platz
ha ´plats (för ngt)	Platz haben (für etwas)
be´folkning -en -ar [ɔ]	Bevölkerung
^{v}bo´sätta sig [unreg.] [ɷ:]	siedeln; sich ansiedeln
malm -en ^{v}-ar	Bez. der zentralen Stadtteile Stockholms
vid ´slutet av	am Ende des / der
^{v}fjärde´del -en -ar	Viertel
stockholmare -n -; [ɔ] [ɔ]	Einwohner Stockholms
stockholmsk/a- an -or [ɔ] [ɔ]	Einwohnerin Stockholms
^{v}ut´göra ´-gör ´-gjorde ´-gjort [unreg.]	ausmachen, darstellen; bilden
själva staden	die eigentliche Stadt
^{v}inom [ɔ] *Präp.*	innerhalb
tull -en ^{v}-ar	Zoll; Zollverwaltung
inom tullarna	in der Innenstadt Stockholms; *Hist.*:innerhalb der Zollmauern
^{v}för´ort -en -er; förort till [ɷ]	Vorort; Vorort von
^{v}ytterom´råde -t -n [ɔ]	Außenbezirk
^{v}unge´fär [-j-]	ungefähr

B.

fan´tastisk *Adj.*	phantastisch
^{v}läge -t -n	Lage
na^{v}turupp´levelse -n -r	Naturerlebnis

^{v}nedan´för *Präp., Adv.*	unterhalb [von]
^{v}kunglig *Adj.*	königlich
slott -et - [ɔ]	Schloss
^{v}möjlig *Adj.*	möglich
till och ´med [ɔ]	sogar
^{v}paddla [1]	paddeln
ka´not -en -er [ω:]	Kanu
cen´tral *Adj.*	zentral; *hier:* in der Mitte S:s
^{v}skrid´sko -n -r [ω:]	Schlittschuh
båt -en ^{v}-ar	Boot
i levande natur	*ungefähr*: im Grünen
^{v}samling -en -ar	Ansammlung; Sammlung
^{v}holm/e -en -ar [ɔ]	[kleine] Insel
skär -et -	kleine Felsinsel, Schäre
^{v}klipp/a -an -or	Felsen
be´bodd [ω] *PP von* be´bo [ω:] [3]	bewohnt
^{v}sträcka sig [2b]	sich erstrecken
bredd -en ^{v}-er	Breite

C.

^{v}in´dela [1]	einteilen; aufteilen; gliedern
^{v}huvud´del -en -ar	Hauptteil; *hier*: Region
´mellersta *unveränderliches Adj.*	Mittel-
^{v}till´höra (ngt) [2a]	(zu etwas) gehören
´därom [ɔ]	davon

Vokabeln im Grammatikteil und in den Übungen

^{v}vanlig *Adj.*	üblich
´paus -en -er	Pause
för´sening -en -ar	Verspätung
^{v}kak/a -an -or	Plätzchen, Kekse; Kuchen
sort -en ^{v}-er [ɔ]	Sorte, Art
slag -et -; ett slags	Art; eine Art
ost -en ^{v}-ar [ω]	Käse
^{v}cd-´skiv/a -an -or	CD-Platte
^{v}nyckel -n, ^{v}nycklar	Schlüssel
^{v}samma *Demonstrativpron.*	der-, die-, dasselbe

LEKTION 20 NÅGRA FÖRÄNDRINGAR I DET SVENSKA SAMHÄLLET UNDER DE SENASTE FEMTIO ÅREN

A. Grundskolan infördes år 1962

Den gamla folkskolan som började införas redan på 1840-talet ersattes 1962 av den nioåriga obligatoriska grundskolan. Efter grundskolan kan eleverna söka till gymnasieskolan, som innehåller alla skolformer efter nionde klass, även yrkesutbildningen. Gymnasieskolan infördes 1971.

B. Universiteten byggdes ut från 1960-talet

Sveriges första universitet grundades i Uppsala år 1477. När landskapen Skåne, Blekinge och Halland hade blivit svenska 1658, grundades ett svenskt universitet i Lund år 1666. Det följdes först i slutet av 1800-talet av två nya högskolor i Stockholm och Göteborg, som nu är universitet. På 1960-talet ökade behovet av högre studier, sedan studentantalet hade vuxit snabbt på några år. Nya universitet öppnades i Umeå 1963 och i Linköping 1970. Sedan dess har ännu fler grundats. Landets yngsta högskola är Södertörns högskola söder om Stockholm, som startade höstterminen 1996. Det finns nu nio svenska universitet och 57 högskolor.

C. Riksdagens två kamrar ersattes av en kammare år 1971

Det svenska folket representerades från 1435 av en riksdag, som bestod av de fyra stånden: adel, präster, borgare och bönder. 1866 avskaffades ståndsriksdagen och istället infördes en riksdag med två kamrar, Första och Andra kammaren. Sedan 1971 har riksdagen bara en kammare med numera 349 ledamöter. Riksdagshuset ligger på ön Helgeandsholmen i Stockholm mellan Gamla stan och Norrmalm.

Sedan 1980-talet är sju politiska partier representerade i den svenska riksdagen:

Socialdemokrater (s), vänster (v) och miljöpartiet (mp) på vänsterflygeln. De fyra borgerliga partierna är centern (c), moderaterna (m), folkpartiet (fp) och kristdemokraterna (kd).

D. Sverige blev medlem av den Europeiska unionen den första januari 1995
År 2002 ordnades en folkomröstning om Sveriges medlemskap i den europeiska monetära unionen (EMU). En majoritet av det svenska folket ville inte gå med i EMU. Sverige är inte heller medlem i NATO, men i Förenta Nationerna (FN).

E. Kyrka och stat skildes åt den första januari 2000
Reformationen infördes av kung Gustav Vasa 1527. Numera är den svenska kyrkan inte längre någon statskyrka utan en religionsgemenskap bland andra i det svenska samhället.

Några svenska tidningar:

Dagens Nyheter:	www.dn.se
Svenska Dagbladet:	www.svd.se
Expressen:	www.expressen.se
Aftonbladet:	www.aftonbladet.se

GRAMMATIK

Zeitausdrücke im Schwedischen – eine Übersicht:

1. Antwort auf die Frage ***När*?** (Wann?)
2. Antwort auf die Frage ***Hur länge*?** (Wie lange?)
3. Antwort auf die Frage ***Hur ofta*?** (Wie oft?)
4. Andere Zeitausdrücke *mit* Präposition
5. Zeitausdrücke *ohne* Präposition

1. Antwort auf die Frage *När?*

1.1. för ... sedan (Vergangenheit):

För fjorton dagar sedan var jag i Lund. *(vor)*

1.2. om (Zukunft):

Jag är färdig [med arbetet] om en kvart. *(in)*

1.3. på

a) Bei allgemeinen Zeitangaben:

Han reste på morgonen (på dagen)
och kom tillbaka på kvällen (på natten). *(am/in der)*

b) Bei wiederholten Handlungen:

På kvällarna/på kvällen tittar föräldrarna på TV. *(am)*
På vintrarna/på vintern åkte vi skidor. *(im)*

Der Zeitausdruck steht in bestimmter Form Singular oder Plural.

Merke: Die Wochentage können in dieser Bedeutung nur im *Plural* stehen:

Varken på lördagarna *(samstags)* eller söndagarna *(sonntags)* går det någon buss från Skutskär.

c) Bei Wochentagen, um Zukunft auszudrücken:

När ses vi? - Vi ses [nu] på söndag. *(am)*

d) Bei Jahrhunderten und Jahrzehnten:

på 1900-talet *(im 20. Jahrhundert)*
på trettiotalet / 30-talet *(in den 30er Jahren)*

1.4. i

a) Beim Tag und bei den Tageszeiten:

i dag; i går; i [går] morse; i [går] kväll;
i förrgår; i morgon;
i år (*in diesem Jahr*)

b) Um Vergangenheit und Zukunft auszudrücken, wie in den folgenden Fällen (bei den Feiertagen kann auch *till* verwendet werden):

	Vergangenheit	Zukunft
Zeitausdruck	När var du i Lund?	När reser du till Lund?
höst / vinter / vår / sommar	Jag var där **i** höstas.	Jag reser dit **i** höst.
jul	i julas	i jul / till jul
påsk	i påskas	i påsk / till påsk
pingst	i pingstas	i pingst / till pingst
måndag / tisdag	i måndags / i tisdags	på måndag / på tisdag
morgon	i morse	i morgon bitti
förmiddag	i förmiddags	i dag på förmiddagen
eftermiddag	i eftermiddags	i eftermiddag
kväll	i [går] kväll	i kväll
natt	i natt / i går natt	i natt
januari / februari	i januari / i februari	i januari / i februari
år	i fjol / förra året	nästa år

2. Antwort auf die Frage *Hur länge*?

2.1. i

I Sverige måste alla gå i skolan i nio år. *(neun Jahre [lang])*
Eva stannade hos oss i en vecka. *(eine Woche [lang])*

2.2. på (Hur snabbt går det att göra något?)

Han skrev brevet på tio minuter. *(in zehn Minuten)*
Emma städade sitt rum på en timme. *(in einer Stunde)*

Aber: Emmas mamma väntade på sin dotter i tre timmar.

3. Antwort auf die Frage *Hur ofta*?

Die Wahl zwischen den beiden Präpositionen **i** und **om** hängt vom Zeitausdruck ab:

3.1. i

en gång **i** sekunden / minuten / timmen / veckan / månaden

Man betalar hyran en gång i månaden. *(im Monat)*
Bussen går en gång i halvtimmen. *(jede halbe Stunde)*

3.2. om

en gång **om** dagen / dygnet / året

Hon arbetar fyra timmar om dagen. *(am Tag)*
Medicinen skall intas fem gånger om dygnet. *(am Tag)*
Jag reser till fjällen en gång om året. *(im Jahr)*

4. Andere Zeitausdrücke *mit* Präposition

1. efter	efter klockan åtta; efter midnatt *(nach)*
2. före	före klockan åtta; före midnatt *(vor)*
3. i	kvart i tio (9.45) *(vor)*
4. mellan	mellan jul och nyår *(zwischen)*
5. sedan	sedan 1998; sedan i somras *(seit)*
6. till	Till den 15 mars måste uppsatsen vara färdig. *(bis [zum])*

7. under	under den närmaste tiden *(in)* under 1700-talet *(während des 18. Jahrhunderts)* (auch: *på*! Vgl. 1.3d.)
8. vid	Vid tiotiden dricker vi alltid kaffe. *(gegen 10 Uhr)*
9. över	kvart över elva (11.15) *(nach)*; över veckoslutet *(über)*

5. Zeitausdrücke *ohne* Präposition

5.1. Bei Datum, Jahreszahl und Uhrzeit:

Han är född den 12 augusti [år]1957. *(am...im Jahre)*
Terminen slutar den 30 maj. *(am)*
Strindberg föddes [år] 1849.
Kom klockan sju! *(um)*

5.2. Und in den folgenden Fällen:

en kväll i juni 1997	an einem Abend im Juni 1997
följande dag	am folgenden Tag
nästa dag	am nächsten Tag
samma dag	am selben Tag

Erklärungen zu den Zeitausdrücken finden Sie auch in den Lektionen 6, 9 und 14.

ÜBUNGEN

A. Antworten Sie mit Zeitausdrücken der Vergangenheit und der Zukunft!

Beispiele: När var det? (höst) Det var *i höstas*.
När ses vi? (onsdag) Vi ses *på onsdag*.

1. När kom de? (fredag) ....
2. När är du där? (jul) ....

3. När reser vi? (tisdag) ....
4. När hälsar du på oss? (påsk) ....
5. När var du där? (jul) ....
6. När tog du körkort? (år) ....
7. När köpte du bilen? (mars) ....
8. När åker ni till fjällen? (mars) ....
9. När ska du till Norrland? (vår) ....
10. När kommer du? (fredag/eftermiddag) ....

B. Formulieren Sie Aussagen mit Zeitpräpositionen nach folgendem Muster!

Sie wollen sagen, dass Sie heute vormittag zu Hause waren.
Jag var hemma *i förmiddags*.
Sie wollen sagen, dass der Nachbar samstags in die Stadt fährt.
Grannen kör till stan *på lördagarna*.

1. ...dass Sie morgen um halb acht kommen.

....

2. ...dass es gestern Abend geregnet hat.

....

3. ...dass die Sonne heute Morgen geschienen hat.

....

4. ...dass Sie im Sommer Freunde besuchen werden.

....

5. ...dass die Freunde letztes Jahr bei Ihnen waren ....

....

6. ...dass Sie heute abend fernsehen werden ....

....

7. ...dass die Eltern abends gewöhnlich Tee trinken ....

....

8. ...dass der Steg in diesem Jahr repariert werden muss ....

....

9. ...dass Sie morgen früh um sieben am Bahnhof sind ....

....

C. Formulieren Sie Aussagen mit Zeitpräpostionen nach dem vorgegebenem Muster!

Sie wollen sagen, dass die Touristen zwei Tage blieben:
Turisterna stannade *i två dagar*.
Sie wollen sagen, dass Sie in einer Stunde das Fahrrad reparierten:
Jag lagade cykeln *på en timme*.

1. ...dass Sie eine Viertelstunde gewartet haben.

....

2. ...dass Sie das Fahrradschloss in einer Stunde reparieren können.

....

3. ...dass die Verwandten zehn Tage bleiben werden.

....

4. ...dass Sie die Zeitung in einer halben Stunde gelesen haben

....

5. ...dass die Familie drei Stunden lang Ski gelaufen ist.

....

6. ...dass man es in fünf Minuten schaffen kann.

....

D. Bilden Sie Zeitausdrücke der Wiederholung!
Beispiele:
fem gånger / dag → tre gånger *om* dagen
en gång / timme → en gång *i* timmen

1. en gång / vecka ....
2. fyra gånger / dag ....

3. en gång / minut ....

4. tolv gånger / år ....

5. fem gånger / dygn ....

6. tre gånger / månad ....

7. två gånger / timme ....

E. Übersetzung ins Schwedische 20

1. Sie ist am 5. Mai im Jahre 1961 geboren.
2. Sie sind um neun Uhr gegangen.
3. Im 19. Jahrhundert wurden zwei neue Hochschulen gegründet.
4. Vor einigen Wochen bin ich aus *(från)* dem Urlaub zurückgekommen.
5. Vor acht Uhr müssen wir am *(på)* Bahnhof sein.
6. Seit dem letzten Winter haben wir nichts von ihm gehört.
7. Nachdem er zwei Jahre im Ausland studiert hatte, zog er wieder nach Hause.
8. Dann arbeitete er drei Monate in einer Firma in einem Vorort von Stockholm.
9. Einmal im Jahr besucht er seine Verwandten und deren Freunde.
10. Das mache ich in einer Stunde.
11. Gestern Morgen um acht Uhr ist er gekommen.
12. Jetzt haben wir es geschafft!

VOKABELN

A.

för´ändring -en -ar	Veränderung
^{v}sam´hälle -t -n	Gemeinwesen; Gesellschaft
^{v}senaste *Adj.*	letzt/e -r -s
^{v}grund´skol/a -an -or [ω:]	neunjährige Pflichtschule
^{v}in´föra [2a]	einführen
^{v}folk´skol/a -an -or [ω:]	Volksschule, Hauptschule
på 1840-talet / ^{v}artonhundrafyrtio´talet [ɔ] [ω]	in den 40er Jahren des 19. Jahrhunderts
^{v}er´sätta -sätter -satte -satt [unreg.]	ersetzen
^{v}nio´årig [ω] *Adj.*	neunjährig
obliga´torisk [ɔ] [ω:] *Adj.*	obligatorisch *hier*: pflicht-

e´lev -en -er	Schüler/in
^{v}söka (till ngt) [2b]	sich (um etwas) bewerben
^{v}inne´hålla -håller -höll -hållit [4]	enthalten, beinhalten
^{v}skol´form -en -er [ω:] [ɔ]	Schulform
^{v}även	auch
^{v}yrkesut´bildning -en -ar	Berufsausbildung

B.

bygga ´ut [2a]	ausbauen
^{v}grunda [1]	gründen
i ´slutet av 1800-talet ^{v}artonhundra´talet	Ende des 19. Jahrhunderts
^{v}hög´skol/a -an -or [ω:]	Hochschule
^{v}öka [1]	wachsen; sich erhöhen
be´hov -et ; behovet av [ω:]	Bedarf; Bedarf an
´högre ´studier	Universitätsausbildung
^{v}sedan *Konj.*	nachdem, seitdem
stu^{v}dentan´tal -et -	Studentenzahl
sedan ´dess *Adv.*	seitdem
^{v}höstter´min -en -er	*ungefähr:* Wintersemester

C.

^{v}riks´dag -en -ar	Reichstag
^{v}kammare -n, ^{v}kamrar	(politische) Kammer
folk -et - [ɔ]	Volk
represen´tera [1]	repräsentieren *hier:* vertreten
stånd -et -	Stand (historische Gesellschaftsschicht)
´adel -n 0	Adel
präst -en, ^{v}präster	Pfarrer *hier:* Klerus
^{v}borgare -n - [ɔ]	Bürger
^{v}bonde -n [ω], ´bönder	Bauer
^{v}av´skaffa [1]	abschaffen
^{v}leda´mot -en [ω:], ledamöter	Abgeordnete(r)
po´litisk [ω] *Adj.*	politisch
par´ti -et -er	Partei
^{v}vänster´flygel -n, -flyglar	linker Block
^{v}borgerlig [ɔ] *Adj.*	bürgerlich

D.

^{v}med´lem -men -mar	Mitglied
Euro´peiska uni´onen [ω] [ω:]	die Europäische Union
^{v}ordna [o:] [1]	ordnen; erledigen *hier*: veranstalten
^{v}folkom´röstning -en -ar [ɔ] [ɔ]	Volksentscheid, Referendum
^{v}medlem´skap -et -	Mitgliedschaft
den euro´peiska mone´tära uni´onen	die Europäische Währungsunion
majori´tet -en -er [ω]	Mehrheit
gå ´med (i ngt)	(sich etw.) anschließen
För´enta Na´tionerna [ω:] (FN)	die Vereinten Nationen

E.

stat -en ^{v}-er	Staat
skiljas ´åt; skilj(e)s, skildes, skilts [2a]	sich trennen
reforma´tion -en -er [ω:]	Reformation
kung -en ^{v}-ar	König
^{v}stats´kyrk/a -an -or	Staatskirche
^{v}utan *Konj.*	sondern
reli^{v}gionsge´menskap -en -er [-^{v}jω:nsje´-]	Religionsgemeinschaft
bland *Präp.*	unter
^{v}annan, ^{v}annat, ^{v}andra *Indefinitpron.*	ander/e -r -s

Vokabeln im Grammatikteil und in den Übungen

titta på ^{v}T´V [1]	fernsehen
televi´sion -en 0 [ω:]	Fernsehen
i ´år	in diesem Jahr
jul -en ^{v}-ar	Weihnachten
^{v}efter ´middag -en -ar	Nachmittag
i fjol	letztes Jahr
^{v}vänta [1] (på ngn)	(auf jmdn.) warten
^{v}hyr/a -an -or	Miete
medi´cin -en -er	Arzneimittel
^{v}in´ta [4]	einnehmen (Medikamente)
^{v}mid´natt -en ´-nätter	Mitternacht
^{v}före *Präp.*	vor
^{v}ny´år -et -	Neujahr
vid *Zeitpräp.*	gegen

AUSSPRACHE: VOKALE, KONSONANTEN UND AKZENTE

A. Neun Vokale – nio vokaler

A.1. Es gibt im Schwedischen **neun** Vokale: **a, e, i, o, u, y, å, ä, ö.**

Fünf Vokale sind „weich" (*mjuka vokaler*): **e, i, y, ä, ö**
Vier Vokale sind „hart" (*hårda vokaler*): **a, o, u, å.**

A.2. Den Vokal **å/Å** gibt es im Deutschen als Buchstaben nicht, aber als **Laut** [o:], wie dt. Sohn.

A.3. Die Buchstaben **o** und **å:**

o lang [ω:] in *bok* (Buch)
å lang [o:] in *våt* (nass);

o kurz [ω] in *ost* (Käse)
å kurz [ɔ] in *vått* (nass)

Der Buchstabe **o** kann aber in einigen Fällen auch als [o:] oder [ɔ] gesprochen werden:

[o:] lang: ᵛsova (schlafen), ᵛlova (versprechen)
[ɔ] kurz: ᵛsoffa (Sofa), ᵛklocka (Uhr)

Praktikable Regeln für diesen Wechsel in der Aussprache von **o** gibt es nicht.

Übung 1a zum Buchstaben O:

[ω:]	[o:]	[ω:]	[ɔ]
rova	sova	bok	bock
loda	lova	ᵛkloka	ᵛklocka

Übung 1b zu den Buchstaben Å und O:

[o:]	[ω:]	[o:]	[ω]	[o:]	[ɔ]	[ɔ]	[ɔ]
så	so	båt	bott	ås	oss	gått	gott
mås	mos	råd	rodd	låt	lott		

A.4. Alle Vokale können **lang** oder **kurz** sein.

lang:	[ɑ:] tal (Zahl);	[o:] våt (nass);	[y:] by (Dorf)
kurz:	[a] tall (Föhre);	[ɔ] vått (nass);	[y] bytt (gewechselt)

Übung 2 zu langen und kurzen Vokalen:

glas / glass	se / sett	vi / vitt	bo / bott
ny / nytt	gå / gått	väg / vägg	röd / rött

A.5. Bei zwei Vokalen unterscheidet sich die *Qualität* der langen und der kurzen Vokale:
[ɑ:] mat (Essen), [a] matt (matt) und [ʉ:] ful (hässlich), [ɵ] full (voll)

Übung 3 zum Qualitätsunterschied bei langem oder kurzem a und u:

[ɑ:] tal, glas	[a] tall, glass	[ʉ:] sju, kul	[ɵ] ᵛsjutton, kull
			Ramge § 4.1, 4.5

Regel: An der Orthographie sieht man in den meisten Fällen, ob ein Vokal lang oder kurz ist: Endet eine Silbe auf einen Konsonanten (tal, våt, bok) oder auf einen Vokal (by, sju), so wird der Vokal lang gesprochen. Ausnahmen bilden häufige Vokabeln wie *han* [han:], *hon* [hɷn:], *den* [den:] u.a.

A.6. Vokale können **gerundet** (**a** (lang), **o, u, y, å, ö**) oder **ungerundet** (**a** (kurz), **e, i, ä**) sein:

Beispiele:	gerundet:	ungerundet:
	nu (nun)	ni (ihr)
	ny (neu)	ni
	by (Dorf)	bi (Biene)
	lok (Lok)	lek ([Kinder]spiel)
	bo (wohnen)	be (bitten)
	hål (Loch)	häl (Ferse)
	tal (Zahl)	tall (Föhre)

Übung 4 zu gerundeten und ungerundeten Vokalen:

ta / te	bo / be	nu / ni	by / bi	tå / te	dö / de
nu / ny / ni	bo / by / be	ta / tå / te			
ᵛfyra / ᵛfura / ᵛfira	då / dö / de				

B. Zwanzig Konsonanten – tjugo konsonanter

B.1. Aussprache von G-, K- und SK- vor „weichem" Vokal (e, i y, ä, ö) in betonter Silbe

g wird [j] wie dt. jung:
z.B.: ge (geben); gift (verheiratet); gym (Fitnessstudio); gäst (Gast); ᵛgöra (tun, machen)

k wird [ç] wie dt. Chemie:
z.B.: ᵛKerstin; ´kilo (Kilo); ᵛkyla (Kälte); ᵛkällare (Keller); ᵛköpa (kaufen)

sk wird [ɧ] wie dt. Schule:
z.B.: sked (Löffel); ᵛskidor (Skier); skylt (Schild); ᵛskära (schneiden); ᵛsköta (pflegen)

In Fremd- und Lehnwörtern kommen bei K- Ausnahmen vor:
en kö [k-] (Warteschlange);
ett kilo [k-] oder [ç].
Weitere Ausnahme: ᵛmänni*sk*a [ɧ] (Mensch)

Übung 5 zu G, K und SK vor weichem oder hartem Vokal:

gul - ge - gå - gata - god - gift - ᵛGöte´borg - ´Gävle
ᵛköpa - ᵛkyrka - ´kilo - kal - ᵛKerstin - ko – katt - ᵛKinne´kulle
ᵛskära - sked - skal - ᵛskola - ᵛskidor - skål - ᵛSkövde

B.2. -rd- / - rl - / -rn- / -rs- / -rt- / (nie im Anlaut):

-rd-	[ɖ]	ett bord (Tisch)
-rl-	[ɭ]	ᵛhärlig (herrlich)
-rn-	[ɳ]	ett barn (Kind)
-rt-	[ʈ]	kort (kurz)
-rs-	[ʂ]	Lars, ᵛAnders, ᵛKerstin; det hörs (man hört), hur så? (wieso?)

Übung 6 zu -rd und -rt:

bord / bod sport / spott

B.3. -lg- / -rg- (nie im Anlaut):

-lg [-lj] älg (Elch)

-rg [-rj] berg (Berg), ᵛGöte´borg, ´Norge

B.4. Stumme Konsonanten bei dj- / gj- / hj- / lj- (im Anlaut): d-, g-, h-, l- sind in diesen Kombinationen stumm:

ett djur [j] (Tier) ᵛgjorde [j] (tat, machte) ett hjul [j] (Rad) ett ljus [j] (Licht)

B.5. Der Ich-Laut: ch- / kj- / tj- (im Anlaut):

ᵛtjugo [ç] (20) en kjol [ç] (Rock) Kjell [ç] (männlicher Vorname) chips [ç] (Chips)

B.6. Der Sch-Laut: ch- / sch- / sj- / skj- / stj- (im Anlaut):

ᵛsjutton [ɧ] (17)
cho´klad [ɧ] (Schokolade)
en ᵛskjorta [ɧ] (Oberhemd)
en chock [ɧ] (Schock)
en ᵛstjärna [ɧ] (Stern)
ett ´schampo [ɧ]

B.7. -[s]sion; -tion; (nie im Anlaut):

en disku´ssion [-ɧω:-] en lek´tion [-ɧω:-]

en sta´tion [-ɧω:-] (Bahnhof)

B.8. -ng- und -gn- (nie im Anlaut):

ᵛingen [ŋ] (kein) aber: ett regn [ŋn] (Regen)

ung [ŋ] (jung) aber: en ugn [ŋn] (Ofen)

Übung 7:

1. Wie kann der Laut (das Phonem) [j] im Schwedischen geschrieben werden?
2. Wie viele Schreibweisen des Lautes (des Phonems) [ɧ] im Schwedischen kennen Sie?
3. Wie viele Schreibweisen des Lautes (des Phonems) [ç] im Schwedischen kennen Sie?

C. Die Betonung der Wörter

In den meisten einheimischen Wörtern liegt die Betonung auf der ersten Silbe.

In Fremd- und Lehrnwörtern ist die ursprüngliche Betonung oft erhalten:

min´ut, mil´jon, Eu´ropa

D. Der musikalische Akzent

Der musikalische Akzent besteht aus fallenden und steigenden Tonhöhen innerhalb eines Wortes.

Wörter mit Akzent 1 haben einen Tongipfel: (´land)

Wörter mit Akzent 2 haben zwei Tongipfeln: (ᵛkomma)

In zusammengesetzten Wörtern erweitert sich der Akzent 2 zu einem Doppelakzent : (ᵛbok´stäver)

Der Akzent 1

tritt auf

a) in allen einsilbigen Wörtern

b) in einsilbigen Substantiven, die durch den angehängten bestimmten Artikel *zweisilbig* werden:
land – ´landet (Land – das Land)
tomt – ´tomten (Grundstück – das Grundstück)
hus – husen (Haus – die Häuser)

c) in manchen Pluralformen mit Umlaut:
´länder, ´städer, ´böcker (Länder, Städte, Bücher)

d) in Fremd- und Lehnwörtern, in denen die Betonung nicht auf der ersten Silbe liegt:
fun´dera, mil´jon, mi´nut, tele´fon, sta´tion, stu´dera
(überlegen, Million, Minute, Telefon, Bahnhof, studieren)

e) in Wörtern, die mit den unbetonten Vorsilben *be-* und *för-* anfangen:
be´rätta, be´römd, för´äldrar (erzählen, berühmt, Eltern)

f) in vielen Wörtern auf *-el, -er* und *-en*
´enkel, ´cykel, ´vacker, ´väder, ´vatten
(einfach, Fahrrad, schön, Wetter, Wasser)

g) in Adjektiven auf *-isk:* ´typisk, ´praktisk (typisch, praktisch)

h) in den gesteigerten Formen des Adjektivs und des Adverbs (Komparativ):
´högre, ´lägre, ´större (höher, niedriger, größer)

i) in Verben auf *-er* (Präsensform):
´heter, ´kommer von den Infinitiven ^{v}heta, ^{v}komma
(heißen, kommen)

j) in einzelnen Gruppen von Vokabeln, z.B. in den Namen der Wochentage: ´måndag, ´tisdag, ´onsdag, ´torsdag, ´fredag, ´lördag, ´söndag

Ramge § 12

Der Akzent 2

kommt in fast allen zwei- oder mehrsilbigen Wörtern vor,
a) wenn die erste Silbe betont ist,
b) wenn sie nicht zu den oben genannten Gruppen gehören.

Merke: Der Akzent kann innerhalb eines Flexionsschemas wechseln:

bei Substantiven:	dag, ´dagen, ^{v}dagar, ^{v}dagarna (Tag)
bei Pronomen:	min, mitt, ^{v}mina (mein)
bei Adjektiven:	god , gott, ^{v}goda; röd, rött, ^{v}röda (gut, rot)
bei Verben:	^{v}komma, ´kommer, kom ^{v}kommit (kommen)

Ramge §§ 11,13

Der Doppelakzent

In zusammengesetzten Wörtern (Komposita) können *zwei* lange Silben gesprochen werden, indem eine Atempause in die Wortfuge eingesetzt wird. Das heißt, dass die Silbe mit dem zweiten Tongipfel eine deutlichere Betonung erfährt als die zweite Silbe in einem Wort mit Akzent 2:

´sjuk ´hus	^{v}sjuk´hus	(zwei lange Silben)
(krank) + (Haus)	(Krankenhaus)	
aber: ^{v}sjuklig (kränklich)		

´cykel ´nyckel	^{v}cykel´nyckel	(zwei lange Silben)
(Fahrrad) + (Schlüssel)	(Fahrradschlüssel)	
aber: ^{v}cykla	(Fahrrad fahren)	

In Wörten, die aus mehreren Gliedern zusammengesetzt sind, können nur zwei Silben lang gesprochen werden:

^{v}sjuk + ^{v}sköterska	^{v}sjuk´sköterska
(krank) + (Pflegerin)	(Krankenschwester)
^{v}sjuk´sköterska + ^{v}ut´bildning	^{v}sjuksköterskeut´bildning
(Krankenschwester) + (Ausbildung)	Krankenschwesternausbildung)

Bedeutungsunterscheidend kann der Akzent in einigen hundert Fällen sein, wenn Wörter mit gleichem Stamm durch Flexion identische Endungen bekommen, wie zum Beispiel:

en tomt [ɔ]	´tomten (das Grundstück)
en ^{v}tomte [ɔ]	^{v}tomten (der Weihnachtsmann)
steg	´stegen (die Schritte)
en ^{v}stege	^{v}stegen (die Leiter)
ett mod [ω:]	´modet (der Mut)
ett ^{v}mode [ω:]	^{v}modet (die Mode)

Bei Verben können betonte Partikel *hälsa ´på (någon) - (jemanden) besuchen* und unbetonte Präpositionen in Verbkonstruktionen ^{v}*hälsa (på någon) - (jemanden) grüßen* in der Schrift gleich sein. In solchen Fällen ist der Akzent bedeutungsunterscheidend:

Han ^{v}hälsar på grannen.	Er grüßt den Nachbarn.
Han hälsar ´på grannen.	Er besucht den Nachbarn.

Weitere Beispiele finden Sie in den Lektionen 8 und 16 bei den Verben ^{v}*tala (om något)* und *tala ´om (något)*:

Affären, som du ^{v}talade om (...)	Das Geschäft, von dem du sprachst (...)
Han talade ´om att resan gått bra.	Er berichtete, dass die Reise gut gegangen sei.

Im Satzzusammenhang wird nicht jedes Wort gleich stark betont. Der Akzent 2 kommt nur in betonten Wörtern vor:

Vad ´heter du?	Jag heter ^{v}Eva.
Var ^{v}jobbar du?	Jag jobbar i ^{v}Stock´holm.

STARKE UND UNREGELMÄSSIGE VERBEN

Ein Strich vor dem Partizip Perfekt eines Verbs zeigt an, dass die Verbform nicht ohne Präfix verwendet werden kann, z.B.: *-bedd*; => *ombedd* (gebeten).

Infinitiv	Imperativ	Präsens	Präteritum	Supinum	Partizip Perf. (PP)
anta	anta!	antar	antog	antagit	antag/en -et -na
be	be!	ber	bad	bett	-bedd -bett -bedda
bjuda	bjud!	bjuder	bjöd	bjudit	bjud/en -et -na
bli[va]	bli!	blir	blev	blivit	bliv/en -et -na
bära	bär!	bär	bar	burit	bur/-en -et -na
dricka	drick!	dricker	drack	druckit	druck/en -et -na
fara	far!	far	for	farit	far/en -et -na
finnas	—	finns	fanns	funnits	—
få	få!	får	fick	fått	-fådd -fått -fådda
ge / giva	ge!	ger	gav [g-]	gett / givit	giv/en -et -na
gå	gå!	går	gick [j-]	gått	gång/en -et -na
göra	gör!	gör	gjorde	gjort	gjor/d -t -da
ha	ha!	har	hade	haft	-havd -haft -havda

Infinitiv	Imperativ	Präsens	Präteritum	Supinum	Partizip Perf. (PP)
heta	—	heter	hette	hetat	—
hinna	—	hinner	hann	hunnit	hunn/en -et hunna
hålla	håll!	håller	höll	hållit	håll/en -et -na
komma	kom!	kommer	kom	kommit	komm/en -et komna
kunna	—	kan	kunde	kunnat	—
ligga	ligg!	ligger	låg	legat	-leg/ad -at -ade
låta	låt!	låter	lät	låtit	-låt/en -et -na
lägga	lägg!	lägger	la[de]	lagt	lag/d -t -da
måsta	—	måste	måste	måst	—
njuta	njut!	njuter	njöt	njutit	njut/en -et -na
se	se!	ser	såg	sett	sedd sett sedda
ses	—	ses	sågs	setts	—
sitta	sitt!	sitter	satt	suttit	-sutt/en -et -na
skina	skin!	skiner	sken	skinit	—
skjuta	skjut!	skjuter	sköt	skjutit	skjut/en -et -na
skola	—	ska[ll]	skulle	skolat	—
skriva	skriv!	skriver	skrev	skrivit	skriv/en -et -na

Infinitiv	Imperativ	Präsens	Präteritum	Supinum	Partizip Perf. (PP)
skära	skär!	skär	skar [sk-]	skurit [sk-]	skur/en -et -na
slå	slå!	slår	slog	slagit	slag/en -et -na
slåss	slåss!	slåss	slogs	slagits	—
sova	sov!	sover	sov	sovit	—
springa	spring!	springer	sprang	sprungit	sprung/en -et -na
stå	stå!	står	stod	stått	-stådd -stått -stådda
säga	säg!	säger	sa[de]	sagt	sag/d -t -da
sätta	sätt!	sätter	satte	satt	satt satt satta
ta	ta!	tar	tog	tagit	tag/en -et -na
vara	var!	är	var	varit	—
veta	vet!	vet	visste	vetat	—
vilja	vill!	vill	ville	velat	—
växa	väx!	växer	växte	växt / vuxit	växt växt - / vuxen -et -na
äta	ät!	äter	åt	ätit	ät/en -et -na

PARTIZIP PERFEKT-FORMEN DER KONJUGATIONEN 1-4

	Perfekt *Har* + Supinum	**Prädikative Stellung**	**Attributive Stellung**	
			Unbestimmte Form	**Bestimmte Form**
1.	Han har just måla**t** stugan.	Jag är intresser**ad**.	en nymål**ad** stuga	den nymål**ade** stugan
		Barnet är intresser**at**.	ett nymål**at** hus	det nymål**ade** huset
		Vi är intresser**ade**.	två nymål**ade** stugor	de nymål**ade** stugorna
2a.	Hon har stäng**t** fönstret.	Dörren är stäng**d**.	en stäng**d** dörr	den stäng**da** dörren
		Fönstret är stäng**t**.	ett stäng**t** fönster	det stäng**da** fönstret
		Dörrarna är stäng**da**.	två stäng**da** dörrar	de stäng**da** dörrarna
2b.	De har alltid tyckt om Sverige.	Idrotten är omtyck**t**.	en omtyck**t** idrott	den omtyck**ta** idrotten
		Landet är omtyck**t**.	ett omtyck**t** land	det omtyck**ta** museet
		Författarens böcker är omtyck**ta**.	omtyck**ta** böcker	de omtyck**ta** idrotterna

	Perfekt *Har* + Supinum	**Prädikative Stellung**	**Attributive Stellung** **Unbestimmte Form**	 **Bestimmte Form**
3.	Hon har bott i stugan.	Stugan är bebo**dd**. (bewohnt) Huset är bebo**tt**. Husen är bebo**dda**.	en obebo**dd** stuga (unbewohnt) ett obebo**tt** hus obebo**dda** hus	den bebo**dda** stugan det bebo**dda** huset de bebo**dda** stugorna
4.	Jag har skrivi**t** om brevet.	Boken är nyskriv**en**. Brevet är omskriv**et**. (umgeschrieben) Böckerna är nyskriv**na**.	en nyskriv**en** bok ett omskriv**et** brev nyskriv**na** böcker	den nyskriv**na** boken det omskriv**na** brevet de nyskriv**na** böckerna

ÜBERSICHT ÜBER DIE ADJEKTIV- UND SUBSTANTIVFLEXION NACH EINIGEN BESTIMMUNGSWÖRTERN

Bestimmungs-wort								Unbestimmt	Lektion
en	stor	röd	liten	blå	ny	vit	gammal	stuga	2
ett	stort	rött	litet	grått	nytt	vitt	gammalt	hus	2, 4
några / många	stora	röda	små	grå[a]	nya	vita	gamla	stugor [hus]	2, 7
								Bestimmt	
den	stora	röda	lilla	blå[a]	nya	vita	gamla	stugan	14
det	stora	röda	lilla	blå[a]	nya	vita	gamla	huset	14
de	stora	röda	små	blå[a]	nya	vita	gamla	stugorna[husen]	14
den här /där	stora	röda	lilla	blå[a]	nya	vita	gamla	stugan	14
det här / där	stora	röda	lilla	grå[a]	nya	vita	gamla	huset	14
de här / där	stora	röda	små	grå[a]	nya	vita	gamla	husen	14
								Unbestimmt	
min	stora	röda	lilla	grå[a]	nya	vita	gamla	stuga	19
mitt	stora	röda	lilla	blå[a]	nya	vita	gamla	hus	19
mina	stora	röda	små	blå[a]	nya	vita	gamla	stugor [hus]	19
denna	stora	röda	lilla	grå[a]	nya	vita	gamla	stuga	19
detta	stora	röda	lilla	blå[a]	nya	vita	gamla	hus	19
dessa	stora	röda	små	grå[a]	nya	vita	gamla	stugor [hus]	19
Evas	stora	röda	lilla	blå[a]	nya	vita	gamla	stuga [hus]	15
Pers	stora	röda	små	grå[a]	nya	vita	gamla	stugor [hus]	15

GRAMMATISCHE FACHAUSDRÜCKE UND IHRE ERKLÄRUNG

Adjektiv – Eigenschaftswort: *stor, liten*

Adverb – unveränderliches Umstandswort. Adverbien beantworten die Fragen nach Zeit, Ort und Art und Weise: *nu, då* (Zeit) *där, hem* (Ort), *snabbt* (Art und Weise) *mycket, lite* (Maß). Adjektive in der neutralen Form können als Adverb fungieren: *snabbt*. Adverbien bestimmen ein Verb (Han går *snabbt*), ein anderes Adverb (Han går *mycket snabbt*.) oder ein Adjektiv (Han är *mycket* snabb.) (Lektion 10)

Adverbial – Satzteil, der die Frage nach Zeit, Ort oder Art und Weise beantwortet: *Nu* går vi. Vi går *hem*. De är *i stan*. Vi kommer *i kväll*. Han går *snabbt*.

Artikel – Begleiter eines Substantivs. Der unbestimmte Artikel lautet *en, ett*. Der bestimmte Artikel wird angehängt; Singular: *-(e)n, -(e)t*; Plural: *-na, -a, -en*

Attribut – nähere Bestimmung eines Substantivs: en *svensk* stad, ett *stort* land. Genitivattribut: *Emils* föräldrar. *Barnens* mamma (Die Mutter der Kinder)

Deklination – die Flexion der Substantive. Entsprechend der Pluralbildung gibt es im Schwedischen fünf verschiedene Deklinationen mit den Endungen: *-or, -ar, -er, -n, -*, (Lektionen 5, 7 und 8)

Demonstrativpronomen – hinweisendes Pronomen: *den här, den där* (Lektion 8)

Deponentien – Verben mit passivischen Formen, aber aktivischer Bedeutung (Lektion 13)

Determinativpronomen – im Deutschen Demonstrativpronomen, die sich auf einen folgenden notwendigen Relativsatz beziehen: *De böcker, som* ligger där, kan du ta. (Lektion 15, Ramge, § 85)

Emphatische Umschreibung – Hervorhebung einer Person oder Sache durch nähere Erläuterung im anschließenden Relativsatz: *Det var* honom *[som]* jag frågade. (Jag frågade honom.)

Finite Verbform – die Verbform, die das Tempus (Zeitform) angibt und alleine das Prädikat bilden kann: Vi *går*. De *gick*. (Lektion 6) In zusammengesetzten Verbformen ist das Hilfsverb das finite Verb: Vi *ska* gå. Vi *har* gått.

Futur – Zukunftsform des Verbs, Voraussage (Lektion 9)

Hilfsverb – Verb, das zur Bildung der zusammengesetzten Formen des Verbs dient: Hon *har/hade* gått. (Lektion 12) Siehe auch Modalverben S. 72.

Indefinitpronomen – unbestimmtes Fürwort: *någon; ingen* (Lektionen 5, 12, 13)

Infinitiv – Grundform des Verbs. Steht mit oder ohne Infinitivpartikel: [*att*] *gå*

Interrogativadverb – fragendes Adverb: *var, varifrån*

Interrogativpronomen – fragendes Pronomen: *vad, vem, vilken*

Intransitives Verb – Verb, das ohne Objekt konstruiert wird: De *går.*

Inversion – Umkehrung der Wortstellung (Prädikat vor Subjekt), wenn der Satz *nicht* mit dem Subjekt anfängt: *Nu går vi.* (Lektion 4)

Konditionalsatz – Der Konditionalsatz nennt die Bedingung, unter der etwas geschieht oder geschehen kann: *Om det regnar*, går vi inte (*Wenn es regnet*, gehen wir nicht). (Lektion 18)

Konjugation – Flexion eines Verbs in seinen grammatischen Formen. Im Schwedischen gibt es vier Konjugationen, neben den unregelmäßigen Verben. (1.): *tala, tala! talar, talade, talat*; (unreg.): *gå, gå! går, gick, gått* (Lektionen 6, 10, 12)

Konjunktion – Bindewort. Konjunktionen, die gleichwertige Sätze miteinander verbinden, werden nebenordnende Konjunktionen genannt: Han går *och* hon cyklar. Konjunktionen, die nicht gleichwertige Satzglieder miteinander verbinden, sind unterordnende Konjunktionen (Schwedisch: *Subjunktion*): De säger, *att* de ska gå.

Modalverb – Hilfsverb, das das Hauptverb modifiziert. Der Infinitiv steht ohne Infinitivpartikel in Verbindung mit einem Infinitiv: *ska, måste, vill.* Jag *ska* gå. Jag *måste* gå. (Lektion 9)

Neutrum – sächliches Genus mit dem unbestimmten Artikel *ett* und der bestimmten Form Singular *-(e)t:* ett hus, hus*et* – ett äpple, äpple*t*

Nominativ – Werfall: *Han* ser honom.

Objekt – Satzergänzung im 2., 3. oder 4. Fall; z.B. Han ser *honom.*

Partikel – unveränderliches Wort. Eine Verbpartikel erweitert die Bedeutung eines Verbs und ist immer betont: följa *med*, se *ut*

Personalpronomen – Persönliches Pronomen: z.B. *du, han, hon, de* (Lektion 3)

Perfekt – Vergangenheitsform des Verbs: Du *har gått.* (Lektion 12)

Plusquamperfekt – Vergangenheitsform des Verbs: Du *hade gått.* (Lektion 12)

Possessivpronomen – besitzanzeigendes Pronomen: *min* cykel, Pl. *deras* cyklar (Lektion 11)

Prädikativ – auf das Subjekt bezogenes Adjektiv als Teil / Ergänzung / Erweiterung des Prädikats: Barnet är *litet*. Barnen är *små*. Das Prädikativ steht nach den Verben *vara, bli, se ut, verka* und muss kongruent mit dem Subjekt flektiert werden. (Lektionen 4 und 7)

Präposition – Verhältniswort: *i* skåpet, *på* bordet

Präsens – Gegenwartsform des Verbs: Du *går*. (Lektion 5)

Präteritum – Vergangenheitsform des Verbs: Du *gick*. (Lektion 6)

Pronomen – Fürwort

Reflexivpronomen – Pronomen, das sich auf das Subjekt zurückbezieht: Jag skyndar *mig*. (Lektion 9)

Relativpronomen – rückbezügliches Pronomen, das einen Nebensatz einleitet: Mannen, *som* går där, är svensk. (Lektion 2)

Reziprokes Verb – Verb, das Gegenseitigkeit ausdrückt: Vi *ses*. (Lektion 13)

Substantiv – Nomen / Hauptwort: *flicka*, *cykel, hus*

Supinum – Verbform, mit der sich zusammengesetzte Verbformen bilden lassen: Vi har/hade *gått*. Das schwedische Supinum entspricht dem deutschen Partizip Perfekt (Lektion 12).

Transitives Verb – Verb, das mit einem Objekt konstruiert wird: Hon *köper en ordbok*.

Utrum – grammatisches Genus mit dem unbestimmten Artikel *en* und der bestimmten Form Singular *-(e)n*: en bil, bil*en* – en pojke, pojk*en*

GRAMMATIKÜBERSICHT

Grammatische Inhalte mit mehreren Komponenten werden bei allen Oberbegriffen aufgeführt. Bei Erklärungen über mehrere Seiten wird nur die erste Seite angeführt

ALPHABETISCHES VOKABELVERZEICHNIS

In runden Klammern stehen die Lektionsnummern, zusätzliche Erklärungen, wie z.B. *fjäll* (nordschwed.) Berg sowie Ergänzung zum Verb, wie z.B. *hälsa (till ngn)* (jmdm.) Grüße bestellen.

In eckigen Klammern stehen fakultative, d.h. ergänzende Wörter, die die Bedeutung nicht verändern, wie z.B.: [i] *en vecka* eine Woche [lang] sowie die Konjugationsklassen der Verben.

Unterschiedliche Bedeutungen werden durch Semikolon getrennt, wie z.B.: *ordna* [1] ordnen; erledigen; veranstalten.

Synonyme werden durch Komma getrennt, wie z.B. *betala* zahlen, bezahlen.

Im Anschluss an das Substantiv werden die Endungen der bestimmten Form Singular (-en/-n, -et/-t) und der unbestimmten Form Plural (-or, -ar, -er, -n, „-") angegeben. Ist die Pluralform mit der Singularform identisch, wird dies durch „-" bezeichnet. Wenn kein Plural bildbar ist, wird dies durch 0 gekennzeichnet, wie z.B. bei *mjölk -en* 0 Milch.

Nur *unregelmäßig* deklinierte Adjektive werden in allen Formen aufgeführt.

Legende:

Adj.	*Adjektiv*
best.	*bestimmt*
Demonstrativpron.	*Demonstrativpronomen*
Determinativpron.	*Determinativpronomen*
Indefinitpron.	*Indefinitpronomen*
Inf.	*Infinitiv*
Interrogativpron.	*Interrogativpronomen*
Konj.	*Konjunktion*
Ortspräp.	*Ortspräposition*
Part.	*Partikel*
Personalpron.	*Personalpronomen*
Pl.	*Plural*

Possessivpron.	*Possessivpronomen*
PP	*Partizip Perfekt*
Präp.	*Präposition*
Präs.	*Präsens*
Prät.	*Präteritum*
Pron.	*Pronomen*
Relativpron.	*Relativpronomen*
Sg.	*Singular*
Sup.	*Supinum*
ugs.	*umgangssprachlich*
unbest.	*unbestimmt*
ung.	*ungefähr*
unreg.	*unregelmäßig*
unveränd.	*unveränderlich*
Zeitpräp.	*Zeitpräposition*

adel -n 0 (20)	Adel
adress -en -er (8)	Adresse
affisch -en -er (4)	Plakat, Poster
affär -en -er (8)	Geschäft
akademisk *Adj.* (14)	akademisch *auch*: Universitäts-
aktivitet -en -er (18)	Veranstaltung
aldrig (11)	nie, niemals
alfabet -et - (1)	Alphabet
all allt alla *Indefinitpron.* (3/7)	all all/e -r -s
alldeles (3)	ganz
allra mest (15)	am allermeisten
alltid (16)	immer
alltså (6)	also
allvarlig *Adj.* (14)	ernst[haft]; schwer
andas [1] (13)	atmen
andra *Ordnungszahl* (2/5)	zweitgrößte; zweit/e -r -s
andra dagen (6)	der zweite Tag
annan annat andra *Indefinitpron.* (20)	ander/e -r -s
annars (8)	sonst
annons -en -er (för) (15)	Anzeige, Inserat (für)
anta antar antog antagit [4] (16)	annehmen
ap/a -an -or (3)	Affe
apelsin -en -er (12)	Orange

apotek -et - (10)	Apotheke
april (1)	April
arbeta [1] (5)	arbeiten
arbeta (på) (5)	arbeiten (bei)
arbete -t -n (17)	Arbeit; Arbeitsstelle
arton *Zahlwort* (1)	achtzehn
artonde *Ordnungszahl* (8)	achtzehnt/e -r -s
att *Infinitivpartikel* (5)	zu *Infinitivpartikel*
att *Konj.* (7)	dass
augusti (2)	August
av *Präp.* (3)	von
avskaffa [1] (20)	abschaffen
avstängd -stängt -stängda *Partizip Perfekt als Adj.* (11)	abgeschaltet, ausgeschaltet
bad *Prät. von* be	
bada [1] (17)	baden
badrum -met - (5)	Badezimmer
badstrand -en -stränder (17)	Badestrand
bakom *Präp.*, *Adv.* (10)	hinter; dahinter
bank -en -er (5)	Bank
bar *Prät. von* bära	
bara (3)	nur, bloß
barn -et - (3)	Kinder
barrträd -et - (14)	Nadelbaum
bastu -n -r (8)	Sauna
be ber bad bett (om ngt) [unreg.] (9)	bitten (um etw.)
bebodd *PP von* bebo [3]	bewohnt
bebygga [2a] (19)	bebauen
befolkning -en -ar (19)	Bevölkerung
behov -et - ; behovet av (20)	Bedarf; Bedarf an
behöva [2a] (5)	brauchen
bensin -en 0 (10)	Benzin
bensinstation -en -er (10)	Tankstelle
ber *Präs. von* be	
berg -et - (2)	Berg
berätta [1] (6)	erzählen
berätta (för ngn om ngt) [1] (6)	(jmdm. von etw.) erzählen
berömd berömt berömda *Adj.* (3)	berühmt
bestå -står -stod -stått (av) [unreg.] (19)	bestehen (aus)
beställa [2a] (12)	bestellen

betala [1] (11)	zahlen, bezahlen
bett *Sup. von* be	
betyda -tyder -tydde -tytt [unreg.] (18)	bedeuten
bevara [1] (19)	behalten, bewahren
bibliotek -et - (10)	Bibliothek
bil -en -ar (4)	Auto[mobil]
bilist -en -er (14)	Autofahrer
biljett -en -er (12)	Ticket; Fahrkarte
billig *Adj.*(8)	billig
bio-n 0 *Kurzform von* biograf (6)	Kino
biograf -en -er (10)	Kino
bit -en -ar (13)	Stück
bjuda bjuder bjöd bjudit [4] (6)	einladen
bjuda (ngn på ngt) [4] (6)	(jmdn. zu etwas) einladen
bjuder *Präs. von* bjuda	
bjudit *Sup. von* bjuda	
bjöd *Prät. von* bjuda	
björn -en -ar (14)	Bär
bland *Präp.* (20)	unter
blanda [1] (13)	mischen
blev *Prät. von* bli	
bli blir blev blivit [4] (9)	werden; sein
blivit *Sup. von* bli	
blomm/a -an -or (16)	Blume
blå blått blå *Adj.*(7)	blau
blåsa [2b] (14)	blasen, wehen
bo [3] (1/3)	wohnen
bok -en, böcker (3)	Buch
bokhandel -n, bokhandlar (10)	Buchhandlung
bokmål -et (1)	eine der beiden Sprachen Norwegens
bokstav -en, bokstäver (1)	Buchstabe
bonde -n, bönder (20)	Bauer
bord -et - (4)	Tisch
borgare -n - (20)	Bürger
borgerlig *Adj.* (20)	bürgerlich
bort; resa bort; gå bort (18)	fort, weg; verreisen; ausgehen
borta; vara borta (18)	fort, weg; nicht da sein; verreist sein
bosätta sig *Reflexiv. Verb* [unreg.] (19)	siedeln; sich ansiedeln

bra *unveränd Adj. und Adv.* (4)	gut
bredd -en -er (19)	Breite
bredvid *Präp.* (10)	neben
brev -et - (8)	Brief
bro -n -ar (19)	Brücke
bror brodern bröder (3)	Bruder
bruka [1] (7)	gebrauchen, pflegen;
oft mit Adv. übersetzt	gewöhnlich; in der Regel
brun *Adj.*(4)	braun
brygg/a -an -or (17)	Bootssteg
bråttom *im Ausdruck* få bråttom	es eilig haben
bröd -et - (12)	Brot
bröder *Pl. von* bror	
bull/e -en -ar (11)	Hefeteigschnecke
burit *Sup. von* bära	
burk -en -ar (17)	Dose
buss -en -ar (8)	Bus
bussförbindelse -n -r (17)	Busverbindung, -linie
busshållplats -en -er (9)	Bushaltestelle
busstation -en -er (10)	Busbahnhof
by -n -ar (3)	Dorf
bygga om [2a] (17)	umbauen
bygga ut [2a] (20)	ausbauen
både...och (3)	sowohl...als auch
båt -en -ar (19)	Boot
bädda sängen [1] (11)	das Bett machen
bär *Präs. von* bära	
bära bär bar burit [4] (11)	tragen,
bära ut [4] (17)	hinausbringen,-tragen
bättre än *Adj.* (10)	besser als
böcker *Pl. von* bok	
börja [1] (6)	anfangen
cd-skiv/a -an -or (19)	CD-Platte
cd-spelare -n - (11)	CD-Spieler
central *Adj.* (19)	zentral
cykel -n, cyklar (4)	Fahrrad
cykellås -et - (16)	Fahrradschloss
cykla [1] (5)	Fahrrad fahren
dag -en -ar (1)	Tag
dagens rätt (8)	Tagesgericht, Mittagstisch

Danmark (1)	Dänemark
danska -n 0 (1)	Dänisch
dator -n [ɔ], da´torer [ɷ:] (4)	Computer
datorspel -et - (11)	Computerspiel
datum -et - (8)	Datum
de här *Demonstrativpron.* (8)	diese [hier]
de *Personalpron.* 3. Pers. Pl. (3)	sie
Adj.artikel (14)	der/die/das
december (2)	Dezember
del -en -ar; en del (7)	Teil; einige, manche
dela [1] (13)	teilen
dem *Personalpron.* (7) *3. Pers. Pl. Objektsform*	ihnen, sie
den *Personalpron.* (1) *Adj.artikel* (14)	das,es;
den, det, de ´där *Demonstrativpron.* (8)	der/die/das [dort]
den europeiska monetära unionen (20)	die Europäische Währungsunion
den, det, de ´här *Demonstrativpron.*(8)	dies/e -r -s [hier]
den här veckan (8)	diese Woche, in dieser Woche
den *Personalpron.* (3) *Adj.artikel* (14)	er/sie/es; der/die/das
den smala (tjocka) sidan (13)	die schmale (dicke) Seite
den som *Determinativpron.* (15)	derjenige, der; der, der
denna detta dessa *Demonstrativpron.* (19)	dies/e -r -s
deras *Possessivpron.*(6)	ihr *3. Pers. Pl.*
dessutom (19)	außerdem, ferner
det *Personalpron.* (3) *Adj.artikel* (14)	er/sie/es; der/die/das
det finns (3)	es gibt
det här *Demonstrativpron.* (2)	das [hier]
det känns skönt [2a] (18)	*ung.* es ist gut zu wissen
dig *Personalpron.; Reflexivpron.* (9)	dir; dich
dill -en 0 (12)	Dill
din ditt dina *Possessivpron.* (11)	dein
disko -t -n (20)	Disco
dit (10)	dorthin
ditt *Possessivpron.* (8)	dein
djup *Adj.* (14)	tief
djur -et - (14)	Tier
dotter -n, döttrar (3)	Tochter

drack *Prät. von* dricka	
dricka dricker drack druckit [4] (9)	trinken
druckit *Sup. von* dricka	
dröja [2a] (11)	warten
du *Personalpron.* (3)	du
dubbelt (14)	doppelt
duschrum -met - (4)	Dusche, Badezimmer
dygn -et - (1)	Tag (=24 Stunden)
dyr *Adj.* (4)	teuer
då (6)	da; dann; damals
dålig *Adj.* (7)	schlecht
däck -et - (16)	Reifen
där (3)	da, dort
där borta (10)	da drüben
där *Relativadverb* (10)	wo
därför att *Konj.* (8)	weil
därom (19)	davon
dörr -en -ar (10)	Tür
efter *Präp.* (6)	nach
eftermiddag -en -ar (20)	Nachmittag
efterrätt -en -er (12)	Nachtisch
eftersom *Konj.* (8)	da, weil
egentligen (13)	eigentlich
elev -en -er (20)	Schüler/in
eller (2)	oder
elfte *Ordnungszahl* (8)	elft/e -r -s
elva *Zahlwort* (1)	elf
engelska -n 0 (15)	Englisch
enkel -t, enkla *Adj.* (15)	einfach
ensamstående *Partizip Präs.* (15)	alleinerziehend
e-posta [1] (9)	mailen
e-postadress -en -er (8)	E-Mail-Adresse
er *Personalpron., Reflexivpron* (9).	euch
er ert era *Possessivpron.* (11)	euer
ersätta -sätter -satte -satt [unreg.] (20)	ersetzen
ett, en *unbest. Artikel, Zahlwort* (1)	ein eine; *auch*: eins *Zahlwort*
euro -n - (11)	Euro
Europa (2)	Europa
Europeiska unionen (20)	die Europäische Union

(en) examen *(best. Form Sg.=)*	Examen
Pl.: ex´amina *(best. Form Pl..=)* (18)	
ta [en] e´xamen [4] (18)	Examen machen
familj -en -er (6)	Familie
fanns *Prät. von* finnas	
fantasi -n 0 (15)	Phantasie
fantastisk *Adj.* (19)	phantastisch
fara far for farit [4] (6)	fahren; reisen
far/bror -brodern -bröder (16)	Onkel väterlicherseits
far/far -fadern -fäder (16)	Großvater väterlicherseits
farit *Sup. von* fara	
farlig *Adj.* (14)	gefährlich
far/mor -modern -mödrar (16)	Großmutter mütterlicherseits
faster -n, fastrar (16)	Tante väterlicherseits
fattas [1] (13)	fehlen
februari (2)	Februar
fem *Zahlwort* (1)	fünf
femte *Ordnungszahl* (8)	fünft/e -r -s
femtio *Zahlwort* (1)	fünfzig
femton *Zahlwort* (1)	fünfzehn
femtonde *Ordnungszahl* (8)	fünfzehnt/e -r -s
fick *Prät. von* få	
film -en -er (9)	Film
fin *Adj.* (5/15)	fein; schön; prächtig
Finland (1)	Finnland
finnas finns fanns funnits *Dep.* [4] (3/13)	vorhandensein; vorkommen; geben
finns *Präs. von* finnas	
finska -n 0 (1)	Finnisch
firm/a -an -or (5)	Firma
fisk -en -ar (13)	Fisch
fiska [1] (13)	Fische fangen, fischen
fiskekort -et - (13)	Angelschein
fjorton *Zahlwort* (1)	vierzehn
fjortonde *Ordnungszahl* (8)	vierzehnt/e -r -s
fjäll -et - (14)	(nordschwed.) Berg;
fara till fjällen *Pl.* (14)	ins Gebirge fahren
fjärde *Ordnungszahl* (8)	viert/e -r -s
fjärdedel -en -ar (19)	Viertel
flask/a -an -or (12)	Flasche

fler än (14)	mehr als
flera (5)	mehrere
flick/a -an -or (3)	Mädchen
flickvän -nen -ner (7)	Freundin
flytta [1] (8)	umziehen
flytta in [1] (18)	einziehen
flytta ut [1] på landet (17)	aufs Land ziehen
folk (7) *in unbest. Form ohne Artikel*	Leute; Menschen
folk -et - (20)	Volk
folkomröstning -en -ar (20)	Volksentscheid, Referendum
folkskol/a -an -or (20)	Volksschule, Hauptschule
for *Prät. von* fara	
forskare -n - (15)	Wissenschaftler
fortsättning -en -ar (9)	Fortsetzung
fotboll -en -ar (9)	Fußball
foto -t -n (3)	Foto
fram till (10)	bis zu
framför *Präp.* (10)	vor
framtid -en 0 (18)	Zukunft
franska -n 0 (12)	Französisch
fredag -en -ar (6)	Freitag
frimärke -t -n (8)	Briefmarke
fritid -en 0; på fritiden (17)	Freizeit; in der Freizeit
fru -n -ar (11)	Ehefrau
frukost -en -ar; till frukost (9)	Frühstück; zum Frühstück
frukt -en -er (12)	Obst
frys -en *Kurzform* frysbox (12)	Gefriertruhe
frysbox -en -ar (12)	Gefriertruhe
fråg/a -an -or (10)	Frage
fråga [1] (7)	fragen
frågesport -en -er (15)	Quiz
från *Präp.* (1/3)	von; aus
full *Adj.* (11)	voll
fundera [1] (7)	nachdenken, überlegen
fundera (över / på ngt) [1] (15)	nachdenken (über etw.), (etw.) überlegen
funnits *Sup.von* finnas	
fyra *Zahlwort* (1)	vier
fyrtio *Zahlwort* (1)	vierzig

få får fick fått [unreg.] (7)	bekommen; erhalten
als Modalverb (9)	dürfen; müssen
få bråttom (17)	es eilig haben
få färre *Adj.* (15)	wenige, weniger
fånga [1] (13)	fangen
får *Präs. von* få	
fått *Sup. von* få	
färdig *Adj.* (12)	fertig
färg -en -er (7)	Farbe
färsk *Adj.* (13)	frisch (bei Essen)
född fött födda (8) *Partizip Perfekt als Adj.*	geboren
följa [2a] (7)	folgen
följa med [2a] (7)	begleiten; mitkommen
fönster fönstret - (4)	Fenster
för *Konj.* (7)	denn
för *Präp.* (7)	für
för; för sent *Adv.* (16)	zu; zu spät
för att *Konj.* (8)	um zu
för - sedan *Zeitpräp.* (12)	vor
förbi *Präp.*(7)	vorbei
före *Präp.* (20)	vor
förekomma [4] (13)	vorkommen
Förenta Nationerna (20)	die Vereinten Nationen
företagsekonomi -n 0 (18)	Betriebswirtschaft
författare -n - (15)	Schriftsteller
förklara [1] (16)	erklären, mitteilen
förlåt! (8)	Entschuldigung! Verzeihung!
förmiddag -en -ar (7)	Vormittag
förort -en -er; förort till (19)	Vorort; Vorort von
förr *Adv.* (13)	früher
förra (9)	vorig/e -r -s; letzt/e -r -s
förra året (12)	letztes Jahr
försening -en -ar (19)	Verspätung
först (7)	zuerst; erst
första *Ordnungszahl* (8)	erst/e -r -s
första dagen (6)	der erste Tag; am ersten Tag
för/stå -står -stod -stått [unreg.] (15)	begreifen, verstehen
förstås (5)	natürlich; selbstverständlich
förstöra *Präs.* förstör [2a] (14)	zerstören

för/störd -stört -störda	zerstört
PP von förstöra [2a] (17)	
försäljare -n - (7)	Verkäufer
förvara [1] (13)	aufbewahren
för/vånad -vånat -vånade *PP als Adj.*(17)	erstaunt
förvånad (över ngt) (17)	erstaunt (über etwas)
föräldrar -na *Pl.* (3)	Eltern
förändring -en -ar (20)	Veränderung
gaffel -n, gafflar (12)	Gabel
gammal -t, gamla *Adj.* (4)	alt
gammal äldre äldst *Adj.* (15)	alt älter am ältesten
ganska (15)	recht, ziemlich
gat/a -an -or (5)	Straße
gav *Prät. von* ge	
ge ger gav gett / givit [unreg.] (11)	geben
genast (17)	sofort
genom *Präp.* (19)	durch
genomgå -r -gick -gått [unreg.] (20)	durchlaufen
ger *Präs. von* ge	
gett *Sup. von* ge	
gick *Prät. von* gå	
gift gift gifta *Adj.*(6)	verheiratet
vara gift (med) (6)	verheiratet sein (mit)
gilla [1] (15)	mögen, schätzen
gilla bäst [1] (15)	am liebsten mögen
givit *Sup. von* ge	
gjorde *Prät. von* göra	
gjort *Sup. von* göra	
glad glatt glada *Adj.* (7)	froh; glücklich
glas -et - (10)	Glas
glass -en 0 (12)	(Speise)Eis
glädje -n 0 (18)	Freude
glömma [2a] (12)	vergessen
god gott goda *Adj.* (6)	gut; schmackhaft
godis -et 0 (10)	Süssigkeiten
godnatt! (15)	Gute Nacht!
golv -et - (4)	[Fuß]boden
grann/e -en -ar (12)	Nachbar
grava [1] (13)	beizen
gravad lax (13)	gebeizter Lachs

grejor *Pl.* (4)	Sachen; Zeug
grilla [1] (6)	grillen
grov *Adj.* (15)	grob
grunda [1] (20)	gründen
grundskol/a -an -or (20)	neunjährige Pflichtschule
grå grått grå *Adj.* (7)	grau
gräns -en -er (19)	Grenze
gräva [2b] (13)	graben
gräva ned [2b] (13)	vergraben
grön *Adj.* (7)	grün
grönsaker *Pl.* (12)	Gemüse
gul *Adj* (7)	gelb
gymnasieskol/a -an -or [jym-] (18)	Schulform nach der Pflichtschule
gymnastik -en 0 [jym-] (15)	Gymnastik; Sport
gå går gick gått [unreg.] (5)	gehen
gå med (i ngt) (20)	(sich etw.) anschließen
gå och lägga sig *Reflexives Verb* (9)	zu Bett gehen
gå på bio (6)	ins Kino gehen
gå till attack (14)	angreifen
gå ut och äta (8)	essen gehen
gång -en -er (13)	Mal
gångtunnel -n -tunnlar (14)	Unterführung
går *Präs. von* gå	
gått *Sup. von* gå	
gälla [2a] (14)	gültig sein; gelten
gärna (16)	gern
göra gör gjorde gjort [unreg.] (3/12)	machen; tun
ha har hade haft [unreg.] (1)	haben
Ha det så bra! (8)	Mach´s gut!
ha för sig [unreg.] *Reflexives Verb* (12)	vorhaben
ha kvar (18)	noch haben
ha mycket att göra (9)	viel zu tun haben
ha plats (för ngt) (19)	Platz haben (für etwas)
ha tur (18)	Glück haben
ha öppet (8)	geöffnet haben, auf haben
hade *Prät. von* ha	
haft *Sup. von* ha	
hall -en -ar (5)	Flur
halv *Adj.*(1)	halb

halvår -et - (18)	Halbjahr, halbes Jahr
hamn -en -ar (10)	Hafen
han *Personalpron.* (3)	er
handboll -en 0 (15)	Handball *Sportart*
handla [1] *Intransitives Verb* (6)	einkaufen
handla (om) [1] (15)	handeln (von)
hann *Prät. von* hinna	
hans *Possessivpron.* (11)	sein
har *Präs. von* ha	
hav -et - (13)	Meer, See (die)
hej!, *ugs.:*hejsan! (8)	Guten Tag!, Hallo!
hej då! (9)	Wiedersehen, Tschüs
Hej så länge! (8)	Tschüs! Wiedersehen!
hel *Adj.*(7)	ganz
hela dagen (6)	ganz; den ganzen Tag
helst (13)	am besten; am liebsten
hem (6)	nach Hause
hemifrån (18)	von zu Hause
hemma (6)	zu Hause
hemsid/a -an -or (18)	Homepage
henne *Personalpron., Objektsform* (9)	ihr; sie *3. Pers. Sg.*
hennes *Possessivpron.* (11)	ihr *3. Pers. Sg.*
heta heter hette hetat [unreg.] (1/3)	heißen
hetat *Sup. von* heta	
heter *Präs. von* heta	
hette *Prät. von* heta	
hinna hinner hann hunnit [4] (9)	Zeit haben
hinna [4] till bussen (18)	rechtzeitig zum Bus kommen
hit (18)	hierher
hitta [1] (7)	finden
hittills (18)	bisher
hjälp -en 0 (8)	Hilfe
hjälpa [2b] (9)	helfen
holm/e -en -ar (19)	[kleine] Insel
hon *Personalpron.3. Pers. Sg* (3).	sie
honom *Personalpron.* (8/9)	ihm, ihn
hoppas [1] (13)	hoffen
hos *Präp.* (4)	bei
hotell -et - (8)	Hotel
hund -en -ar (5)	Hund

hundra *Zahlwort* (1)	hundert
hungrig *Adj.* (18)	hungrig
hunnit *Sup. von* hinna	
hur (1)	wie
hur långt (10)	wie weit
hur länge (10)	wie lange
hur mycket är klockan? (1)	Wie spät ist es?
hur mycket är...? (1)	Wieviel ist...?
hur många (1)	wie viele
Hur mår du? (9)	Wie geht es dir / Ihnen?
hus -et - (3)	Haus
husläkarmottagning -en -ar (14)	Arztpraxis
huvud -et -en *best. form Pl.* -ena (13)	Kopf
huvuddel -en -ar (19)	Hauptteil; Region
huvudstad -en -städer (2)	Hauptstadt
hyll/a -n -or (7)	Regal
hyr/a -an -or (20)	Miete
hyra [2a] (15)	mieten
hyresvärd -en -ar (11)	Hauseigentümer; Vermieter
häftig *Adj.* (7)	heftig
häftiga grejor *ugs.* (7)	schöne, tolle Sachen
hälla upp [2a] (12)	eingießen
hälsa på [1] (6)	besuchen
hälsa (till ngn) [1] (16)	(jmdm.) Grüße bestellen
hälsning -en -ar (8)	Gruß
hämta [1] (10)	holen
händelse -n -r (14)	Ereignis
hänga [2a] (4)	hängen
hänga med [2a] *ugs.* (18)	mitkommen, mitmachen
hänga upp [2a] (11)	aufhängen
här (7)	hier
härifrån *Adv.* (10)	von hier [aus]
härlig *Adj.* (8)	herrlich, wunderbar
häst -en -ar (3)	Pferd
hög *Adj.* (8)	hoch; laut
hög -en -ar (7)	Stapel, Stoß; Haufen
höger; till höger (4 / 10)	rechts; nach rechts
högre studier (20)	Universitätsausbildung
högskol/a -an -or (20)	Hochschule
höra *Präs.* hör [2a] (7)	hören

höra av sig [2a] *Reflexives Verb* (8)	von sich hören lassen
hörn -et - ; på hörnet (10)	Ecke; an der Ecke
hörs; vi hörs (8)	wir hören voneinander
höst -en -ar (14)	Herbst
hösttermin -en -er (20)	*ungefähr*: Wintersemester
i *Präp.* (1)	in, im; *bei Uhrzeit:* vor
i alla fall (15)	auf jeden Fall; sowieso; immerhin
i början (18)	am Anfang
i dag *auch:* idag (6)	heute
i eftermiddag (9)	heute Nachmittag (Zukunft)
i eftermiddags (20)	heute Nachmittag
[i] en vecka (6)	eine Woche [lang]
i fjol (20)	letztes Jahr
[i] förra veckan (9)	vorige / letzte Woche
i förrgår (6)	vorgestern
i går *auch:* igår (6)	gestern
i höst (14)	im [kommenden] Herbst
i kväll (9)	heute Abend
i levande natur (19)	*ungefähr*: im Grünen
i morgon *auch:* i morron (6)	morgen
i morgon bitti (9)	morgen früh
i morgon eftermiddag / kväll (9)	morgen Nachmittag / Abend
i morse (8)	heute Morgen
i norr (5)	im Norden
i norra (2)	in Nord-
i närheten (10)	in der Nähe
i slutet av 1800-talet (20)	Ende des 19. Jahrhunderts
i sommar (14)	im [kommenden] Sommer
i söder (5)	im Süden
i södra (2)	in Süd-
i taket (4)	an der Decke
[i] två år / ter´miner (12)	zwei Jahre / Semester [lang]
i vinter (14)	im [kommenden] Winter
i vår (14)	im [kommenden] Frühjahr
i västra (2)	in West-
i år (20)	in diesem Jahr
i östra (2)	in Ost-
ibland (14)	manchmal
idrott -en -er (15)	Sport

idrottsplats -en -er (10)	Sportplatz
igen (6)	wieder; noch einmal
ilsk/en -et, ilskna *Adj.* (14)	wütend; *bei Tieren:* bösartig; aggressiv
imponerande (14)	beeindruckend
in (18)	hinein
indela [1] (19)	einteilen; aufteilen; gliedern
information -en -er (10)	Information
införa [2a] (20)	einführen
inga *Pl. selbständiges Indefinitpron.* (13)	keine
inga fler / flera (7)	keine mehr
ingen inget inga *Indefinitpron.* (5)	kein/e -r -s
ingen *selbständiges Indefinitpron.* (13)	niemand
ingenting *selbständiges Indefinitpron.* (6/13)	nichts
inget *selbständiges Indefinitpron.* (13)	nichts
ingång -en -ar (14)	Eingang
innan *Konj.* (12)	ehe; bevor
inne (18)	drinnen
innebandy -n 0 (15)	Hallen- oder Unihockey
innehålla -håller -höll -hållit [4] (20)	enthalten, beinhalten
inom (19)	innerhalb
inom tullarna (19)	in der Innenstadt Stockholms; *hist.:*innerhalb der Zollmauern
inställ/d -t -da *PP von* ställa in [2a] (17)	eingestellt; *von Veranstaltung*: ausgefallen
inta [4] (20)	einnehmen (Medikamente)
inte (2)	nicht
inte ... än (12)	noch nicht
inte heller (12)	auch nicht
inte någon (3)	kein/e -r -s
inte någonting (6)	nichts
inte på länge (12)	lange nicht
intressera sig (för ngt) [1] (16) *Reflexives Verb*	sich (für etw.) interessieren
invånare -n - (1/11)	Einwohner; Bewohner
is -en -ar (17)	Eis; Eisfläche
Island (1)	Island

istället (8)	stattdessen
ja *Interjektion* (1)	ja
jag *Personalpron.* (3)	ich
januari (2)	Januar
javisst *Interjektion* (10)	gewiss, sicher
jo *Interjektion* (12)	doch
jobb -et - (5)	Beruf; Job
jobba [1] (5)	arbeiten
jobba (på) (5)	arbeiten (bei)
jovisst *Interjektion* (9)	gewiss, doch
ju (5/7)	ja; doch
juice -n -r (12)	Saft
jul -en -ar (20)	Weihnachten
juli (2)	Juli
juni (1)	Juni
just (5)	gerade; eben
just nu (5)	im Moment; gerade jetzt
jägare -n - (14)	Jäger
jämförelse -n -r (15)	Vergleich
jämt (9)	immer; ständig
järnväg -en -ar (10)	Eisenbahn
jätte- *Präfix, ugs.*	*verstärkend:* super-; richtig, sehr
jättefin *Adj. ugs.* (8)	sehr schön
kafé / café -et -er (8)	Café
kaffe -t 0 (9)	Kaffee
kak/a -an -or (19)	Plätzchen, Kekse; Kuchen
kall *Adj.* (12)	kalt
kalla [1] (13)	nennen, bezeichnen
kammare -n, kamrar (20)	(politische) Kammer
kan *Präs. von* kunna	können
kanelbull/e -en -ar (11)	Zimtschnecke
kanot -en -er (19)	Kanu
kanske [-ɧ-] (9)	vielleicht
kart/a -an -or (10)	Landkarte, Stadtplan
karta över Trelleborg (10)	Stadtplan von Trelleborg
kasta [1] (14)	werfen
katt -en -er (5)	Katze
kill/e -en -ar [k-] *ugs.* (8)	Junge *auch*: Mann
kilo -t -n (13)	Kilo

kiosk -en -er (10)	Kiosk
klar *Adj.*(7)	klar, logisch; fertig
klara av ngt [1] (18)	etwas schaffen; erledigen
klass -en -er (5)	[Schul]Klasse
klassisk *Adj.* (9)	klassisch
klipp/a -an -or (19)	Felsen
klippa sig [2b] *Reflexives Verb* (8)	sich die Haare schneiden
klock/a -an -or (1 / 4)	Uhr
klok *Adj.* (15)	klug, gescheit, verständig
klyftig *Adj.* (15)	gescheit
kläder *Pl.* (11)	Kleider; Kleidung
kniv -en -ar (12)	Messer
koka [1] (12)	kochen, zum Kochen bringen
kolla [1] (16)	nachschauen, prüfen
kolleg/a -an -er *od.* -or (6)	Kolleg/e, -in
kom *Prät. von* komma	
komma kommer kom kommit [4] (2)	kommen
kommer att [4] (9) *mit Hauptverb*	werden
komma [i]från (2)	kommen aus
komma fram [4] (14)	hervorkommen, zum Vorschein kommen
komma ihåg (ngn / ngt) [4] (16)	sich (an jmdn./etwas) erinnern
komma på en sak [4] (8)	es fällt einem etwas ein
komma -t -n (1)	Komma *Satzzeichen*
kommit *Sup. von* komma	
kompis -en -ar *ugs.* (9)	Freund(in), Kumpel
konst -en -er (10)	Kunst
konsthall -en -ar (10)	Kunsthalle
kopp -en -ar (7)	Tasse
koppla av [1] (17)	entspannen
korsa [1] (10)	überqueren
korsning -en -ar (10)	Kreuzung
kort [ɔ] kort korta (7) *Adj.*	kurz
korv -en -ar (9)	Würstchen; Wurst
kosta [1] (7)	kosten
kraftverk -et - (14)	Kraftwerk
kram -en -ar (8)	Umarmung
kritisk *Adj.* (15)	kritisch
kron/a -an -or (7)	Krone
kräft/a -an -or (13)	Flusskrebs

kräftskiv/a -an -or (13)	Krebsessen
kul *unveränd. Adj. o. Steigerung* (15)	lustig, schön, toll, cool
kunde *Prät. von* kunna	
kung -en -ar (20)	König
kunglig *Adj.* (19)	königlich
kunna kan kunde kunnat [unreg.] (7/9) *Modalverb*	können
kunnat *Sup. von* kunna	
kusin -en -er (6)	Cousine, Cousin
kust -en -er (13)	Küste
kvar (17)	übrig
kvart -en -er (1)	Viertelstunde
kvart i / över (1)	Viertel vor / nach (*bei Uhrzeit)*
kvarts; kvarts miljon (14)	Viertel; eine viertel Million
kvinn/a -an -or (7)	Frau
kvist -en -ar (14)	Zweig
kväll -en -ar (6)	Abend
kyl -en 0 *Kurzform für* kylskåp (12)	Kühlschrank
kylskåp -et - (4)	Kühlschrank
kyrk/a -an -or (10)	Kirche
kyssas [2b] (13)	sich küssen
käll/a -an -or (18)	Quelle
källare -n - (4)	Keller
känd känd kända *PP als Adj.* (15)	bekannt, berühmt
känna känner kände känt [2a] (18)	kennen; fühlen
känna sig [2a] *Reflexives Verb* (18)	sich fühlen
känna varandra [2a] (18)	sich kennen
kännas känns kändes känts [2a] (13)	sich anfühlen; sich fühlen
kök -et - (4)	Küche
köpa [2b] (6)	kaufen
köpcenter, -centret - (10)	Einkaufszentrum
köra *Präs.* kör [2a] (5)	[Auto] fahren
körkort -et - (12)	Führerschein;
ta körkort (12)	den Führerschein machen
köttbull/e -en -ar (12)	Fleischklößchen
la[de] *Prät. von* lägga	
laga [1] (13/17)	zubereiten; reparieren
laga mat [1] (6)	kochen, Essen zubereiten
lagt *Sup. von* lägga	
lamp/a -an -or (4)	Lampe

land -et, länder (1/2)	Land
landskap -et - (2)	Provinz; Landschaft
lat lat lata *Adj.* (6)	faul
lax -en -ar (13)	Lachs
ledamot -en, ledamöter (20)	Abgeordnete/r
ledig, vara ledig *Adj.* (6)	frei; frei haben
legat *Sup. von* ligga	
leka [2b] (11)	spielen
lek´tion -en -er (10)	Lektion; Unterrichtsstunde
leva [2a] (13)	leben
ligga ligger låg legat [unreg.] (1)	liegen
ligger *Präs. von* ligga	
lite (12)	etwas, ein bisschen
liten litet små *unreg. Adj.* (4)	klein
liter -n - (11)	Liter
ljus-et - (17)	Licht
lo -n -ar (14)	Luchs
loppis -et -ar *ugs. von.* loppmarknad (7)	Flohmarkt
loppmarknad -en -er (7)	Flohmarkt
lugn *Adj.*(13)	ruhig
lunch -en -er (6)	Mittag[essen]
lykt/a -an -or (13)	Lampion
lyssna [1] (9)	[zu]hören
lyssna (på ngt) [1] (9)	(etwas) [zu]hören
låg *Adj.* (15)	niedrig
låg *Prät. von* ligga	
låna [1] (9)	leihen; ausleihen
låna ut [1] (18)	ausleihen
lång *Adj.* (2); hur långt (10)	lang; wie weit
långsam -t, -samma *Adj.* (10)	langsam
långt *Adv.* (10)	weit
låsa [2b] (17)	[ab]schließen
låta låter lät låtit [4] (9)	lassen
låter *Präs. von* låta	
låtit *Sup. von* låta	
läge -t -n (19)	Lage
lägenhet -en -er (4)	Wohnung
lägga lägger la[de] lagt [unreg.] (11)	legen

lägga lägger la[de] lagt sig [unreg.] *Reflexives Verb* (9)	sich [hin]legen
lägga fram [unreg.] (12)	herauslegen; hinlegen
lägga ned [unreg.] (17)	schließen (von Geschäften)
lägga på [unreg.] (13)	auflegen
länder (1) *Pl. von* land	Länder
länge (7)	lange
länge sedan (8)	lange her
längs *Präp.* (13)	entlang, längs
lära [2a] känna (18)	kennenlernen
lära sig, *Präs.*: lär [2a] (9)	lernen
lärare -n - (5)	Lehrer
läsa [2b] (3) (18)	lesen; studieren
läsa på / vid universitet[et] (18)	an einer / der Universität studieren
läsk -en 0 *Kurzform von* läskedryck (12)	Limonade
läskedryck -en -er	Limonade
lät *Prät. von* låta	
läx/a -an -or (11)	Hausaufgabe
lördag -en -ar (6)	Samstag
lövträd -et - (14)	Laubbaum
maj (2)	Mai
majoritet -en -er (20)	Mehrheit
malm -en -ar (19)	Bez. der zentralen Stadtteile Stockholms
mamm/a -an -or (3)	Mama
man *Indefinitpron.* (1)	man
man -nen, män -nen (6)	Mann; Ehemann
mass/a -an -or (4)	Menge
massor med *ugs. Ausdruck* (7)	[sehr] viele
mat -en 0 (6)	Essen
match -en -er (8)	Wettkampf, Spiel
matrum -met - (5)	Esszimmer
matsked -en -ar (13)	Esslöffel
matställe -t -n (8)	Gaststätte
matt/a -an -or (4)	Teppich
matte *ugs. für* matematik (15)	Mathematik
med *Präp.* (5)	mit
medan *Konj.* (14)	während
meddelande -t -n (8)	Mitteilung

medeltid -en 0 (19)	Mittelalter
medeltida *unveränderliches Adj.* (19)	mittelalterlich
medicin -en -er (20)	Arzneimittel
medie- och kommunikationsvetenskap -en -er (18)	Medien- u. Kommunikations-wissenschaft
medlem -men -mar (20)	Mitglied
medlemskap -et - (20)	Mitgliedschaft
mejl -et - (8)	E-Mail
mejla [1] (8)	mailen
mejla (till ngn) [1] (8)	(jmdm.) eine Mail schreiben
mellan *Präp.* (2)	zwischen
mellersta *unveränderliches Adj.* (19)	Mittel-
men *Konj.* (3)	aber
mena [1] (9)	meinen
mer [än] *Adj.*(14/15)	mehr [als]
mest *Superlativ von* mycken *Adj.*(15)	am meisten
meter -n - (10)	Meter
middag -en -ar (6)	[Abend]essen
midnatt -en, -nätter (20)	Mitternacht
mig *Personalpron.; Reflexivpron.*(8)	mir, mich
mil -en - *Längenmaß* (18)	zehn Kilometer
miljon -en -er *Zahlwort* (1)	Millionen
min mitt mina *Possessivpron.* (11)	mein
mina *Possessivpron. Pl.* (9)	meine
mindre än *Komparativ von* liten *Adj.*(13)	kleiner als
mineralvatt/en -net 0 (12)	Mineralwasser
minnas minns mindes mints[2a] (13)	sich erinnern
minut -en -er (1)	Minute
missa [1] (8)	verpassen
mitt *Possessivpron.* (2)	mein
mitt emot *Präp. Adv.* (10)	[gerade] gegenüber
mitt i *Präp.* (19)	mitten in
mjölk -en 0 (11)	Milch
mobil -en -er; mobiltelefon -en -er (9)	Handy
modern *Adj.* (19)	modern
mor/bror -brodern -bröder (16)	Onkel (mütterlicherseits)
mor/far -fadern -fäder (16)	Großvater (mütterlicherseits)
morgon -en [^{v}mɔrɔn] *Pl.*: morgnar [^{v}mo:rnar] (14)	Morgen
mor/mor -modern -mödrar (16)	Großmutter (mütterlicherseits)

moster -n, mostrar (6)	Tante (mütterlicherseits)
mot *Präp.* (14)	in Richtung; auf
mot varandra (13)	gegeneinander
motivera [1] (18)	motivieren
motor -n, mo´torer (11)	Motor
muse/um -et -er (10)	Museum
musik -en 0 (9)	Musik
musiker -n - *Best. Form:* musikerna (15)	Musiker
MVH = med vänliga hälsningar (8)	mit freundlichen Grüßen
mycken *Adj.* (15)	viel
mycket *Adj. u. Adverb* (1/3)	sehr; viel
måla [1] (17)	malen; [an]streichen
måndag -en -ar (6)	Montag
många *Adj.* (3)	viele
måsta måste måste måst [unreg.] *Modalverb* (8)	müssen
människ/a -an -or [-ɧa] (14)	Mensch
möbler *Pl.* (7)	Möbel
möjlig *Adj.* (19)	möglich
möjlighet -en -er (13)	Möglichkeit
mötas [2b] (13)	sich begegnen
natt -en, nätter; på natten (6)	Nacht; in der Nacht, nachts
natur -en 0; (14)	Natur
i levande natur (19)	*ungefähr*: im Grünen
naturupplevelse -n -r (19)	Naturerlebnis
ned / ner (18)	hinunter
nedanför *Präp., Adv.* (19)	unterhalb [von]
nedlag/d -t -da *PP von* lägga ned [unreg.] (17)	geschlossen (v. Geschäften)
nej *Interjektion* (1)	nein
ner / ned (18)	hinunter
nere (10)	unten
nervös *Adj.* (18)	nervös; aufregend
ni *Personalpron.* (3)	ihr; Sie
nio *Zahlwort* (1)	neun
nionde *Ordnungszahl* (8)	neunt/e -r -s
nioårig *Adj.* (20)	neunjährig
nittio *Zahlwort* (1)	neunzig
nitton *Zahlwort* (1)	neunzehn
nittonde *Ordnungszahl* (8)	neunzehnt/e -r -s

njuta njuter njöt njutit (av ngt) [4] (17)	(etwas) genießen
nog (9)	sicher, wohl
noll *Zahlwort* (1)	Null
Norden (1)	Norden (Dänemark, Finnland, Island, Norwegen, Schweden)
nordlig *Adj.* (15)	nördlich
Norge (1)	Norwegen
norr om (1)	nördlich von
Norrland (13)	nördliche Hälfte Schwedens
norska -n 0 (1)	Norwegisch
november (1)	November
nu (3)	jetzt
nummer numret - (8)	Nummer
numera (19)	heutzutage; jetzt; mittlerweile
ny nytt nya *Adj.* (4)	neu
nybliven nyblivet nyblivna *PP von* bli [4] (18)	frischgebacken
nyckel -n, nycklar (19)	Schlüssel
nynorska -n 0 (1)	eine der beiden Sprachen Norwegens
nyår -et - (20)	Neujahr
någon något några *Indefinitpron.* (5)	ein/e, einige
någon *selbständiges Indefinitpron.* (13)	jemand, [irgend]ein/e -r -s
någonting *selbständiges Indefinitpron.* (13)	etwas
något *selbständiges Indefinitpron.* (7/13)	etwas
några *selbständiges Indefinitpron* (7)	einige
när (1)	wann
när *Konj.* (8)	wenn, als
nära närmare närmast *unreg. Adj.* (15)	nahe näher am nächsten
näst *Adv.* (15)	nächst-, zweit-
nästa *Adj.* (7)	nächst/e -r -s
nästa vecka (8)	nächste Woche, in der nächsten Woche
nästan *Adv.* (14)	fast
närmast varandra (15)	am nächsten beieinander
nöjd nöjt nöjda *Adj.* (11)	zufrieden
obligatorisk *Adj.* (20)	obligatorisch; pflicht-

och *Konj.*(1)	und
också (2)	auch
ofta (16)	oft
oktober (2)	Oktober
olik *Adj.* (15)	verschieden, unterschiedlich
om *Zeitpräp*; om en [liten] stund (8)	in; in einer [kurzen] Weile; bald, gleich
om *Fragekonj.* (16)	ob, falls
om *Konditionale Konj.* (14)	wenn, falls
om *Präp.* (3)	über
en bok om (3)	ein Buch über
om dagen (dygnet) *Zeitpräp.*(20)	am Tag
om en stund (8)	in einer Weile; bald, gleich
om året *Zeitpräp.*(20)	im Jahr
ombyggd ombyggt ombyggda *PP von* bygga om [2a] (17)	umgebaut
omtyckt omtyckt omtyckta *PP von* tycka om. (15)	beliebt
omöjlig *Adj.* (14)	unmöglich
ond ont onda *Adj.* (15)	schlecht; boshaft
onsdag -en -ar (6)	Mittwoch
ordbok -en -böcker (7)	Wörterbuch
ordna [1] (20)	ordnen; erledigen; veranstalten
ordna sig [1] (9)	sich regeln, sich klären
orientering -en (15)	Orientierungslauf
orolig *Adj.* (15)	unruhig; rastlos
oss *Personalpron., Reflexivpron.* (9)	uns
ost -en -ar (19)	Käse
ovanlig *Adj.* (3)	außergewöhnlich
packa [1] (17)	packen
paddla [1] (19)	paddeln
papp/a -an -or (3)	Vater
papp/er -eret - *best. Form Pl.*: papp[e]ren (10)	Papier
pappershatt -en -ar (13)	Papierhut
park -en -er (10)	Park
parkera [1] (10)	parken
parkeringsplats -en -er (4)	Parkplatz
parti -et -er (20)	Partei

passa [1] (16)	passen
paus -en -er (19)	Pause
pengar *Pl.* (8)	Geld
peppar -n 0 (12)	Pfeffer
pingst -en; till pingst (17)	Pfingsten; zu Pfingsten
pinn/e -en -ar (14)	Stöckchen
planera [1] (17)	planen
plastpås/e -en -ar (13)	Plastiktüte
plats -en -er; ha plats (för ngt) (19)	Platz; Platz haben (für etwas)
plocka upp [1] (11)	aufheben
plugg -et - *ugs. für* skola (15)	"Penne"
plugga [1] *ugs.* (18)	studieren; lernen
plus (1)	plus
plötsligt (17)	plötzlich
pojk/e -en -ar (3)	Junge
pojkvän -nen -ner (11)	Freund
politisk *Adj.* (20)	politisch
porslin -et 0 (7)	Porzellan
post -en 0 (9)	Post[amt]
gå på posten	zur Post gehen
potatis -en -ar (12)	Kartoffel
potatis *auch Kollektiv* (12)	Kartoffeln
praktisk *Adj.* (15)	praktisch
prata (med ngn om ngt) [1] (9)	sich (mit jmdm. über etwas) unterhalten
precis (18)	genau; gerade
problem -et - (11)	Problem
prov -et - (18)	Prüfung; Test
präst -en -er (20)	Pfarrer; Klerus
prylar *Pl.ugs.* (11)	Sachen
pub -en -ar (17)	Kneipe, Pub
puss -en -ar (15)	Küsschen
på *Präp.* (3)	*als Ortspräp.*: an; auf; in, *als Zeitpräp.*: an; in
på 1200-talet (19)	im 13. Jahrhundert
på 1840-talet (20)	in den 40er Jahren des 19. Jahrhunderts
på dagen (14)	am Tag; tagsüber
på höger hand (10)	rechter Hand
på hösten (14)	im Herbst (jeden Herbst)

på kvällen (14)	am Abend; abends
på landet (17)	auf dem Lande
på morgonen (14)	am Morgen; morgens
på natten (14)	in der Nacht; nachts
på sommaren (14)	im Sommer (jeden Sommer)
på svenska (3)	auf Schwedisch
på tre rum (5)	mit drei Zimmern
på tyska (3)	auf Deutsch
på vintern (14)	im Winter (jeden Winter)
på våren (14)	im Fühjahr (jedes Frühjahr)
på vänster / höger sida (10)	auf der linken / rechten Seite
påsk -en; till påsk (17)	Ostern; zu Ostern
rakt fram (10)	geradeaus
redan (7)	schon
reformation -en -er (20)	Reformation
regna [1] (14)	regnen
rekonstruktion -en -er (10)	Rekonstruktion
religionsgemenskap -en -er (20)	Religionsgemeinschaft
ren *Adj.* (7)	rein; sauber
representera [1] (20)	repräsentieren *hier*: vertreten
res/a -an -or (16)	Reise
resa [2b] (6)	reisen
restaurang -en -er (6)	Restaurant
rik (3)	reich
riksdag -en -ar (20)	Reichstag
ringa [2a]; ringa (ngn) (9)	anrufen; (jmdn.) anrufen
rinna rinner rann runnit [4] (19)	fließen, laufen
rinna ut [4] (19)	fließen in, münden in
rolig *Adj.* (15)	lustig; schön
rovdjur -et - (14)	Raubtier
rum -met - (4)	Zimmer
rygg -en -ar (13)	Rücken
räkna med [1] (14)	annehmen; berechnen
rätt *Adv.* (7)	recht; ziemlich
räv -en -ar (14)	Fuchs
röd rött röda *Adj.* (4)	rot
röka [2b] (9/13)	rauchen; räuchern
sa[de] *Prät. von* säga	
sagt *Sup. von* säga	

sak -en -er (9)	Sache
sakta *Adv.* (15)	langsam, vorsichtig
sallad -en -er (12)	Salat (Gericht / Pflanze)
salt -et 0 (12)	Salz
samhälle -t -n (20)	Gemeinwesen; Gesellschaft
samling -en -ar (19)	Ansammlung; Sammlung
samma *Demonstrativpron.*	der-, die-, dasselbe
sammanlagt *PP von* lägga [unreg.] (19)	insgesamt
satt *Prät. von* sitta *und Sup. von* sätta	
satte *Präs. von* sätta	
se ser såg sett [unreg.] (4/7)	sehen
se till (ngt.) [unreg.] (17)	nach (etw.) sehen
se upp (för ngt.) [unreg.] (15)	(auf etwas) achten
se ut [unreg.] (4)	aussehen
sedan *oft:* [senn] *gesprochen* (8)	dann, darauf; nachher
sedan *Präp.* (20)	seit
sedan *Konj.* (20)	nachdem, seitdem
sedan dess *Adv.* (20)	seitdem
semester -n, semestrar (6)	Urlaub
senaste *Adj.* (20)	letzt/e -r -s
sent *Adv.* (6)	spät
september (1)	September
ser *Präs. von* se	
servett -en -er (12)	Serviette
ses ses sågs setts [unreg.] (1/13)	sich sehen, sich treffen
sett *Sup. von* se	
setts *Sup. von* ses	
sex *Zahlwort* (1)	sechs
sextio *Zahlwort* (1)	sechzig
sexton *Zahlwort* (1)	sechzehn
sextonde *Ordnungszahl* (8)	sechszehnt/e -r -s
sid/a -an -or (10)	Seite
sill -en -ar (13)	Hering
simhall -en -ar (10)	Schwimmbad, Hallenbad
simma [1] (15)	schwimmen
sin sitt sina *Reflexive Possessivpron.* (11)	sein, ihr
sitta sitter satt suttit [4] (11)	sitzen
sju *Zahlwort* (1)	sieben
sjuk *Adj.* (18)	krank

sjukhus -et - (10)	Krankenhaus
sjuksköterska/a -an -or (5)	Krankenschwester
sjunde *Ordnungszahl* (8)	siebt/e -r -s
sjunga sjunger sjöng sjungit [4] (13)	singen
sjungit *Sup. von* sjunga	
sjuttio *Zahlwort* (1)	siebzig
sjutton *Zahlwort* (1)	siebzehn
sjuttonde *Ordnungszahl* (8)	siebzehnt/e -r -s
själv -t -a *Pron.* (12)	selbst
själva staden (19)	die eigentliche Stadt
sjätte *Ordnungszahl* (8)	sechst/e -r -s
sjö -n -ar (2/13)	See (der)
sjöng *Prät. von* sjunga	
ska *Präs. von* skola	
skala [1] (12)	schälen
skall *Präs. von* skola	
skar *Prät. von* skära	
ske [3] (14)	passieren, sich ereignen
sked -en -ar (12)	Löffel
skid/a -an -or; åka skidor (8)	Ski; Ski laufen
skiljas åt; skilj(e)s skildes skilts [2a] (20)	sich trennen
skina skiner sken skinit [4] (14)	scheinen
skiv/a -an -or (7) (13)	Schallplatte; Scheibe
skjuta skjuter sköt skjutit [4] (14)	schießen; erschießen
skjutit *Sup. von* skjuta	
skog -en -ar (14)	Wald
skol/a -an -or (5)	Schule
skola ska[ll] skulle skolat [unreg.] *Modalverb* (6/9)	sollen; werden; wollen
skolat *Sup. von* skola	
skolform -en -er (20)	Schulform
skrev *Prät.* von skriva	
skridsko -n -r (19)	Schlittschuh
skriva skriver skrev skrivit [4] (9)	schreiben
skrivbord -et - (8)	Schreibtisch
skriver *Präs.* von skriva	
skrivit *Sup.* von skriva	
skrämma [2a] (14)	erschrecken
skräp -et 0 (7)	Gerümpel; Plunder; Müll

skulle *Prät. von* skola	
skulle vilja ha (7)	hätte gern
skurit *Sup. von* skära	
skynda sig [1] (9)	sich beeilen
skådespelare -n - (15)	Schauspieler
skåp -et - (4)	Schrank
skär -et - (19)	kleine Felsinsel, Schäre
skär *Präs. von* skära	
skära skär skar skurit [4] (12)	schneiden
skärgård -en -ar (15)	Schärengebiet
skön *Adj.* (15)	schön; angenehm; herrlich
sköt *Prät. von* skjuta	
slag -et - ; ett slags (19)	Art; eine Art
slagits *Sup. von* slåss	
slogs *Prät. von* slåss	
slott -et - (19)	Schloss
slut -et; vara slut (17) -	Ende; zu Ende (vorbei) sein
sluta [1] (9)	aufhören, zu Ende sein
slåss slåss slogs slagits [4] (13)	sich schlagen
släcka [2b] (17)	ausmachen (Licht)
släkting -en -ar (16)	Verwandte/r
smaka [1] bra (gott) (12/16)	gut schmecken
smal *Adj.* (13)	schmal
små *Adj. Pl. von* liten (7)	kleine
smör -et 0 (12)	Butter
smörgås -en -ar (10)	belegtes Brot, Sandwich
snabb *Adj.* (10)	schnell
snapsvis/a -an -or (13)	Schnapslied
snart (8)	bald
snygg *Adj.* (11/12)	hübsch, ordentlich; chic; gut aussehend
snäll *Adj.* (5/11)	nett, lieb, freundlich; hilfsbereit
snälla *Partikel* (11)	bitte
snö -n 0 (8)	Schnee
snöa [1] (14)	schneien
socker sockret 0 (13)	Zucker
sol -en -ar (14)	Sonne
solig *Adj.* (14)	sonnig
som *Relativpron.* (2)	der, die, das

sommar -en, somrar (14)	Sommer
sommarställe -t -n (17)	Ferienhaus
son -en, söner (3)	Sohn
sort -en -er	Sorte, Art
sova sover sov sovit [4] (15)	schlafen
sovrum -met - (5)	Schlafzimmer
spela [1] (9)	spielen
spis -en -ar (4)	Herd
sprang *Prät. von* springa	
springa springer sprang sprungit [4] (14)	laufen
springa ifrån (14)	davonlaufen
springa sin väg (14)	weglaufen
sprungit *Sup. von* springa	
språk -et - (1)	Sprache
spänna ögonen i någon [2a] (14)	jemanden anstarren; fixieren
spännande *Adj.* (14)	spannend
stabil *Adj.* (15)	ausgeglichen
stad -en, städer (2)	Stadt
stadsdel -en -ar (19)	Stadtteil
stan *Kurzform von* staden (6)	die Stadt
stanna [1] (10)	halten; [stehen]bleiben
stark *Adj.* (3)	stark
stat -en -er (20)	Staat
station -en -er (järnvägs-) (10)	Bahnhof
statskyrk/a -an -or (20)	Staatskirche
stava [1] (1)	buchstabieren
steka [2b] (12)	braten
sten -en -ar (14)	Stein
stockholmare -n -; stockholmsk/a- an -or (19)	Einwohner Stockholms Einwohnerin Stockholms
stod *Prät. von* stå	
stol -en -ar (4)	Stuhl
stoppa [1] (13)	stecken
stor *Adj.*(2)	groß
storlek -en -ar (14)	Größe
stress/ad -at -ade *PP von* stressa [1] (17)	gestresst
sträcka sig [2b] (19)	sich erstrecken
strö [3] (13)	streuen

ström -men -mar (19)	Strom; strömendes Gewässer; Strömung
strömming -en -ar (13)	Strömling, Ostseehering
student -en -er (18)	Student
studentantal -et - (20)	Studentenzahl
studentkorridor -en -er (18)	Flur im Studentenwohnheim
studera [1] (18)	studieren
studier -na *Pl.* (18)	Studium
stug/a -an -or (17)	Häuschen; Ferienhaus
stund -en -er (8)	Weile
stycke -t -n (7)	Stück
stå står stod stått [unreg.] (4)	stehen
stånd -et - (20)	Stand (historische Gesellschaftsschicht)
står *Präs. von* stå	
stått *Sup. von* stå	
städa [1] (6)	saubermachen, putzen
ställa [2a] (10)	stellen
ställa in [2a] (17)	einstellen; *von Veranstaltung*: ausfallen
ställe -t -n (8)	Stelle; Platz; Ort
stänga [2a] (10)	zumachen, schließen
stänga av [2a] (11)	abstellen, ausmachen
störa *Präs.* stör [2a] (14)	stören
större än *Komparativ von* stor *Adj. (14)*	größer als
störst bäst vackrast *Adj., Superlative* (14)	der Größte, der Beste, der Schönste
suttit *Sup. von* sitta	
svara (på ngt) [1] (16)	antworten (auf etwas)
svart svart svarta *Adj.* (5)	schwarz
svensk *Adj.* (2)	schwedisch;
Im Ausdruck: Jag är svensk. (2)	Schwede *oder* Schwedin
svensk -en -ar (2/11)	Schwede
svenska -n 0 (1)	Schwedisch
svensk/a -an -or (2/11)	Schwedin
Sverige (1)	Schweden
svettas [1] (13)	schwitzen
svår *Adj.* (13)	schwierig, schwer
svänga [2a] (10)	[ab]biegen
sydlig *Adj.* (15)	südlich

symbol -en -er (14)	Symbol
synd	
im Ausdruck: Det är / var synd. (7/10)	schade
syskon -et - (16)	Geschwister
syster -n, systrar (3)	Schwester
så *Adv.* (9/12)	so; dann; also
så att *Konj.* (13)	so dass
så här *Demonstrativpron.* (4)	so
sådan sådant sådana *Demonstrativpron.* (7)	solch/e -r -s
sådant här *Demonstrativpron.* (7)	sowas
såg *Prät. von* se	
sågs *Prät. von* ses	
sångare -n - (15)	Sänger
säga säger sa[de] sagt [unreg.] (7)	sagen
säga till (8)	Bescheid sagen
sälja säljer sålde sålt [2a] (11)	verkaufen
säng -en -ar (4)	Bett
sätta sätter satte satt [unreg.] (13)	setzen
sätta på huvudet (13)	auf den Kopf setzen, aufsetzen
sätta sätter satte satt sig [unreg.] *Reflexives Verb* (9)	sich [hin]setzen
söder om (1)	südlich von
söka (till ngt) [2b] (20)	sich (um etwas) bewerben
söndag -en -ar (6)	Sonntag
söt sött söta *Adj.* (15)	süß; hübsch
ta tar tog tagit [4] (8)	nehmen
ta [en] examen [4] (18)	Examen machen
ta en öl [4] (8)	einen trinken
Ta det lugnt! [4] (10)	Immer mit der Ruhe!
ta fram [4] (12)	herausholen
ta körkort [4] (12)	den Führerschein machen
ta reda på något [4] (11)	sich nach etwas erkundigen
ta tid [4] (8)	dauern; Zeit brauchen
ta till vänster / höger [4] (10)	links / rechts abbiegen
ta upp [4] (14)	aufheben
ta ut [4] (13)	herausholen
ta ut [4] pengar (18)	Geld [vom Konto] abheben
Tack! (8)	Danke!

Tack bra! (9)	Danke, gut!
tack (för) (8)	danke (für)
tacka [1] (16)	danken, sich bedanken
tacka (ngn) för senast [1] (16)	sich (bei jmdm.) für die letzte Einladung bedanken
tagit *Sup. von* ta	
tak -et - (4/17)	(Zimmer)decke; Dach
tala [1] (1)	sprechen, reden
tala (med ngn) [1] (16)	(mit jmdm.) sprechen
tala (om ngt) [1] (8)	(etw.) erwähnen; (über etwas) sprechen
tala om [1] (16)	erzählen, berichten
tallrik -en -ar (12)	Teller
tar *Präs. von* ta	
te -et 0 (9)	Tee
telefonkort -et - [o:] [ω] (15)	Telefonkarte
telefon/nummer -numret - (2)	Telefonnummer
television -en 0; TV (20)	Fernsehen
tent/a -an -or *ugs.für* tentamen (18)	Prüfung
(en) tentamen *Best. Form Sg.* = *Pl.* ten´tamina *Best. Form Pl.*= (9)	schriftliche oder mündliche Prüfung
termin -en -er (12)	Semester
tesked -en -ar (13)	Teelöffel
tid -en -er (8)	Zeit
tid kvar (17)	Zeit übrig
tidning -en -ar (10)	Zeitung
tidskrift -en -er (14)	Zeitschrift
tidtabell -en -er (14)	Fahrplan
till *Präp.* (1/6/12)	bis (1); zu (Person) (6); nach (Ort) (6); für (12)
till höger / vänster (4 / 10)	[nach] rechts / links
till maten (12)	zum Essen
till och med (19)	sogar; bis einschließlich
till skolan (5)	zur Schule
tillbaka [till] (6)	zurück [nach, zu]
tillhöra (ngt) [2a] (19)	(zu etwas) gehören
tillsammans (6)	zusammen
timm/e -en -ar (1)	Stunde
tio *Zahlwort* (1)	zehn
tionde *Ordnungszahl* (8)	zehnt/-e -r -s

tisdag -en -ar (6)	Dienstag
Titta! [1] (9)	Schau mal!
titta (på ngt) [1] (7)	(etwas) anschauen;
titta in [1] (11)	hineinschauen
titta på TV [1] (20)	fernsehen
tjej -en -er *ugs.* (8)	Mädchen *auch*: Frau
tjock *Adj.* (13)	dick
tjugo *Zahlwort* (1)	zwanzig
tjugonde *Ordnungszahl* (8)	zwanzigst/e -r -s
tjäna [1] pengar (18)	Geld verdienen
tolfte *Ordnungszahl* (8)	zwölft/e -r -s
tog *Prät. von* ta	
tolv *Zahlwort* (1)	zwölf
tomat -en -er (12)	Tomate
torg -et - (10 / 12)	Marktplatz; Markt
torka av [1] (13)	abwischen
torsdag -en -ar (6)	Donnerstag
tradition -en -er (13)	Tradition
trafik -en 0 (16)	Verkehr
trafikljus -et - (10)	Verkehrsampel
trafikolyck/a -an -or (14)	Verkehrsunfall
trasig *Adj.* (7)	kaputt
tre *Zahlwort* (1)	drei
tredje *Ordnungszahl* (8)	dritt/e -r -s
trettio *Zahlwort* (1)	dreißig
trettionde *Ordnungszahl* (8)	dreißigst/e -r -s
tretton *Zahlwort* (1)	dreizehn
trettonde *Ordnungszahl* (8)	dreizehnt/e -r -s
trevlig *Adj.* (4/6)	gemütlich; schön
trivas *Dep.* [2a] (5/13)	sich wohlfühlen
trivs *Präs. von* trivas	
tro [3] (10)	glauben, vermuten
tråkig *Adj.* (18)	trist; langweilig
trång *Adj.* (15)	eng
träd -et - (13)	Baum
trädgård -en -ar (5)	Garten
träffa [1] (18)	treffen
träffas [1] (13)	sich treffen
träning -en 0 (9)	Training
trött trött trötta *Adj.* (4)	müde

tull -en -ar (19)	Zoll; Zollverwaltung
tung *Adj.* (15)	schwer (Gewicht)
tunn tunt tunna *Adj.* (13)	dünn
turist -en -er (14)	Tourist
turistbyrå -n -er (10)	Touristinformation
tusen *Zahlwort* (1)	tausend
tvung/en -et -na (18) *PP von* tvinga [4]	gezwungen
två *Zahlwort* (1)	zwei
tvätt -en -ar (11)	Wäsche
tycka [2b] (7)	finden, meinen
tycka bäst om [2b] (15)	am liebsten haben (mögen)
tycka om [2b] (5)	mögen; schätzen; gut finden
tysk *Adj.*(2)	deutsch;
Im Ausdruck: Jag är tysk.(2)	Deutscher *oder* Deutsche
tysk -en -ar (2)	Deutscher
tyska -n 0 (1)	Deutsch
tysk/a -an -or	Deutsche
Tyskland (1)	Deutschland
tyst tyst tysta *Adj.*(14)	still, ruhig
tyvärr (9)	leider
tåg -et - (8)	Zug
tänka *zusammen mit Inf.*[2b] (8)	vorhaben; beabsichtigen
tänka efter [2b] (10)	nachdenken
tänka (på ngn / ngt) [2b] (14)	(an jmdn. / etwas) denken
under *Ortspräp.* (7)	unter
under *Zeitpräp.* (17)	während
undra [1] (7)	sich fragen
ung yngre yngst *Adj.*(15)	jung jünger am jüngsten
ung/e -en -ar *ugs.* (15)	Kind
ungdomar *Pl.* (7)	Jugendliche, junge Leute
ungdomsgård -en -ar (18)	Jugendeinrichtung
ungefär [-j-] (19)	ungefähr
universitet -et - (18)	Universität
upp (18)	hinauf
upp till (14)	bis
uppe (18)	oben
uppfattning -en -ar (11)	Meinung, Ansicht
upplysning -en -ar (10)	Auskunft, Information
uppsats -en -er (9)	Aufsatz; Hausarbeit

uppvux/en -et -na *PP von* växa upp [2b/4] (18)	aufgewachsen aufwachsen
ur *Präp.* (13)	aus
ursäkta (10)	Entschuldigung! Verzeihung!
ursprunglig *Adj.* (19)	ursprünglich
ut (18)	hinaus
utan *Konj.* (20)	sondern
utan *Präp.* (13)	ohne
utanför *Präp.* (10)	vor; außerhalb
utbur/en -et -na *PP von* bära ut [4] (17)	hinausgetragen, -gebracht
ute (18)	draußen
utgöra -gör -gjorde -gjort [unreg.] (19)	ausmachen, darstellen; bilden
uthus -et - (17)	Nebengebäude, Schuppen
utlänning -en -ar (17)	Ausländer(in)
utom *Präp.* (14)	außer
utomhus (17)	draußen; im Freien
utomlands (18)	ins / im Ausland
utseende -t -n (19)	Aussehen; Erscheinungsbild
uttryck -et - (1)	Ausdruck
vacker vackert vackra *Adj.* (15)	schön
Vad ... till? (9)	Wozu? Wofür?
vad *Interrogativpron.* (1 / 3)	wie; was
vad *Relativpron.* (6)	was
Vad heter...? (1)	Wie heißt...?
Vad ... till? (9)	Wozu? wofür?
Vad är klockan? (1)	Wie spät ist es?
vanlig *Adj.*(19)	üblich
var (2)	wo
var femtonde minut (10)	jede fünfzehnte / alle fünfzehn Minute(n)
var *Prät. von* vara	
vara är var varit [unreg.] (1)	sein
varandra *auch:* varann *Rezipr. Pron.*	einander
vardagsrum -met - (5)	Wohnzimmer
varför (16)	warum
varg -en -ar (14)	Wolf
vargstam -men -mar (14)	Wolfbestand, Wolfspopulation
varifrån; var ... ifrån (2)	woher
varit *Sup von* vara	
varje *Indefinitpron.* (5)	jeder

varken ... eller (17)	weder ... noch
varm *Adj.* (14)	warm
varsågod! *Pl.:* varsågoda! (11)	bitte [sehr]!
vart *Fragendes Adv.* (16)	wohin
vatten, vattnet 0 (4)	Wasser
veck/a -an -or (1)	Woche
veckoslut -et - (18)	Wochenende;
på veckoslutet (18)	am Wochenende
över veckoslutet (18)	übers Wochenende
velat *Sup. von* vilja	
vem *Interrogativpron.* (3)	wer
verand/a -an -or (17)	Veranda
verka [1] (7)	wirken, scheinen
verkligen (14)	tatsächlich; wirklich
vet *Präs. von* veta	
veta vet visste vetat [unreg.] (7)	wissen
vetat *Sup. von* veta	
vi *Personalpron.* (1)	wir
vi hörs (8)	wir hören voneinander
vid *Ortspräp.* (2)	an, am
vid *Zeitpräp.* (20)	gegen
vid slutet av (19)	am Ende des / der
vikingaborg -en -ar (10)	Wikingerburg
vild vilt vilda *Adj.* (14)	wild
vilja vill ville velat [unreg.] (9) *Modalverb*	wollen
vilja veta [unreg.] (16)	wissen wollen
vilken vilket vilka *Interrogativpron.* (8)	welch/e -r -s; was für ein
vill *Präs. von* vilja	
ville *Prät. von* vilja	
vin -et -er (12)	Wein
vindruv/a -an -or (12)	Weintraube
vinter -n, vintrar (14)	Winter
visa sig [1] (14)	sich zeigen
visste *Prät. von* veta	
vit vitt vita *Adj.* (4)	weiß
vitpeppar -n 0 (12)	weißer Pfeffer
vore *Konjunktiv von* vara (18)	wäre / wärest / wäret / wären
vykort [ω] -et - (8)	Ansichtskarte
vår -en -ar (14)	Frühjahr

vår vårt våra *Possessivpron.* (11)	unser
vårdcentr/um -et, *Pl:* -centrum / -centra, *best. Pl.*: -centren /-centra	kommunale Gesundheits-versorgung
väd/er -ret 0	Wetter
väg -en -ar (4)	Weg
väga [2a] (14)	wiegen
vägg -en -ar (4)	Wand
vägmärke -t -n (14)	Straßenschild
väl (7)	wohl
väldigt *Adv.* (6)	sehr; *auch*: mächtig, gewaltig
väl´kommen -kommet -komna *Partizip Perfekt als Adj.* (14)	willkommen
vän vännen vänner (17)	Freund/in
vänd/a -er, vände vänt [2a] (13)	umdrehen, wenden
vänlig *Adj.* (11)	freundlich
vänligen *Adv., Partikel* (11)	bitte
vänster; till vänster (4 / 10)	links; nach links
vänsterflygel -n, -flyglar (20)	linker Block
vänta [1] (på ngn) (11 / 20)	(auf jmdn.) warten
väsk/a -an -or (12)	Tasche
väster om (1)	westlich von
Västkusten (13)	die Westküste Schwedens
växa växer växte växt/vuxit [2b] (18) *PP*: vux/en -et -na	wachsen
växa växer växte växt/vuxit upp [2b] (18)	aufwachsen
växla [1] (10)	wechseln
yngre *Komparativ von* ung *Adj.* (15)	jünger
yngst *Superlativ von* ung *Adj.* (15)	jüngst, am jüngsten
yrkesutbildning -en -ar (20)	Berufsausbildung
ytterområde -t -n (19)	Außenbezirk
å -n -ar (13)	Fluss, kleiner Fluss
åka [2b] (6)	fahren
år -et - (5)	Jahr
åt *Prät. von* äta	
åtta *Zahlwort* (1)	acht
åttio *Zahlwort* (1)	achtzig
åttonde *Ordnungszahl* (8)	acht/e -r -s
älg -en -ar (4)	Elch
älska [1] (11)	lieben

älv -en -ar (2/13)	Fluss
ämne -t -n (15)	Fach
än *Konj.* (15)	als
ändå (14)	trotzdem
ännu mer (15)	noch mehr
äntligen (17)	endlich
äpple -t -n (3)	Apfel
är *Präs.von* vara	
äta äter åt ätit [4] (6)	essen
ätit *Sup. von* äta	
även (20)	auch
ö -n -ar (15)	Insel
öga -t, ögon -en (14)	Auge
ögonblick -et - (10)	Augenblick
öka [1] (20)	wachsen; sich erhöhen
öl -et *auch:* -en 0 (8)	Bier
ölburk -en -ar (17)	Bierdose
öppet; ha öppet (8)	geöffnet haben, auf haben
öppna [1] (10)	aufmachen, öffnen
öre -t - *auch*: -n (7)	Öre
öster om (1)	östlich von
Östersjön (13)	die Ostsee
över *Zeitpräp.* (1/20)	über; *bei Uhrzeit*: nach
över *Ortspräp.* (13)	über
över veckoslutet (18)	übers Wochenende
över vintern (13)	über den Winter
överallt (14)	überall
övernatta [1] (16)	übernachten

EINIGE GÄNGIGE SCHWEDISCHE ABKÜRZUNGEN

bl.a.	bland annat	unter anderem
	bland andra	unter anderen
d.v.s	det vill säga	das heißt
el.	eller	oder
e.m./ em	eftermiddagen	nachmittags, am Nachmittag
etc.	etcetera	und so weiter
ev.	eventuell(t)	gegebenenfalls
ex.	exempel	Beispiel
	exemplar	Exemplar
f.m./ fm	förmiddagen	vormittags, am Vormittag
f.n.	för närvarande	zur Zeit
fr.o.m.	från och med	ab
jfr.	jämför	vergleiche
m.a.o.	med andra ord	mit anderen Worten
m.fl.	med flera	und andere
m.m.	med mera	und vieles mehr
moms -en	mervärdesskatt	Mehrwertsteuer
MVH	med vänliga hälsningar	mit freundlichen Grüßen
obs!	observera	beachte
o.s.v.	och så vidare	und so weiter
s.k.	så kall/ad -at -ade	sogenannt/e -r -s
t.ex.	till exempel	zum Beispiel
t.o.m.	till och med	bis einschließlich

WORTSTELLUNGSSCHEMA

1. Hauptsatzanfang	**2. Prädikat** finite Form	3. Subjekt	4. Satzadverbial
Hier stehen:	Verb 1 in Präs. / Prät.	bei Inversion	Negation und bewegl. Adverb
Subjekt: JAG	HAR	—	INTE
Nebenordnende Konjunktion + Subjekt: MEN JAG	HAR	—	INTE
Objekt DET	SKULLE	JAG	ALDRIG
Adverbial: PÅ LÖRDAG	SKA	VI	—
Objekt: TV:n	HAR	JAG	REDAN
Satzadverb: ALDRIG	SKA	JAG	—
Nebensatz: NÄR DE KOM,	VILLE	HON	INTE
Frage: Fragewort VARFÖR (oder leer): —	TALADE	NI	INTE

- Das Subjekt kann die Position 1 oder 3 haben

1. Nebensatzanfang	**2. Subjekt**	3. Satzadverbial	4. Verb 1 finite Verbform
Hier stehen		Negation und bewegl. Adverb	in Präs. / Prät.
Konjunktionen: OM	HAN	INTE	[HAR]
ATT	HON	ALDRIG	SKULLE
Fragende Pronomen: VAD	DU	GÄRNA	VILL
Fragende Adverbien: VAR	DE	—	BOR
Relativpronomen: SOM	HON	REDAN	[HAR]

- Im Hauptsatz (HS) **und** im Nebensatz (NS) ist die Position 2 die „tragende Säule“, um die sich die Satzteile gruppieren.
- Im HS steht in der Position 2 das finite Verb, im NS dagegen das Subjekt.
- Im NS stehen Negationen und „bewegliche“ Adverbien **vor** allen Verben.

5. Verben 2-4 infinite Form	6. Verbpartikel	7. Objekt	8. Adverbial a) Ort b) Zeit
	Betonte Partikel		
LÄST	—	TIDNINGEN	— IDAG.
LÄST	—	TIDNINGEN	— IDAG.
HA GJORT.			
FLYTTA	UT	—	PÅ LANDET.
STÄNGT	AV.		
GLÖMMA	—	DET.	
KÖRA	—	—	HEMIFRÅN.
	—	SVENSKA?	

5. Verben 2-4 infinite Formen	6. Verbpartikel	7. Objekt	8. Adverbial a) Ort b) Zeit
	Betonte Partikel		
STÄLLT	IN	CYKELN	I UTHUSET.
HA GJORT	—	DET.	
GÖRA	—	—	— I KVÄLL.
—	—	—	— NU?
LÄST	UT.		

Lehrwerke Skandinavische Sprachen und Chinesisch

Bjørn Kvifte / Verena Gude-Husken:
Praktische Grammatik der norwegischen Sprache.
^{3}2005, XIV + 169 S., € 21,00 ISBN 978-3-926972-54-5

Bjørn Kvifte / Verena Gude-Husken:
Übungsbuch zur norwegischen Grammatik.
Mit einem Schlüssel zu den Übungen.
2005, VII + 159 S., € 19,00 ISBN 978-3-936496-55-0

Bjørn Kvifte / Margit Berg:
God tur. Lehrbuch der norwegischen Sprache.
^{5}2007, XIV + 243 S., € 16,00 ISBN 978-3-926972-63-7
Schlüssel zu den Übungen.
1999, I + 26 S., € 5,00 ISBN 978-3-926972-72-9
2 Tonkassetten € 20,00 ISBN 978-3-926972-75-0
2 CDs € 20,00 ISBN 978-3-926972-97-2

Birgitta Ramge:
Praktische Grammatik der schwedischen Sprache.
2007, XVII + 355 S., € 21,00 ISBN 978-3-926972-90-3

Birgitta Ramge:
Übungsbuch zur schwedischen Grammatik.
2005, VI + 183 S., € 15,00 ISBN 978-3-936496-03-1
Schlüssel zu den Übungen.
2005, I + 66 S., € 5,00 ISBN 978-3-936496-04-8

Gunilla Rising Hintz:
Svenska – Lehrbuch der schwedischen Sprache.
2007, ca. 230 S., € 18,00 ISBN 978-3-936496-14-7
Schlüssel zu den Übungen.
2007 € 5,00 ISBN 978-3-936496-15-4

Yan Yin:
Chinesisch – Sprachpraxis im Alltag.
Ein Lehrbuch für Anfänger.
^{4}2006, XIV + 237 S., € 16,00 ISBN 978-3-936496-70-3
Schlüssel zu den Übungen.
2005, I + 60 S., € 5,00 ISBN 978-3-926972-71-2
2 Tonkassetten € 26,00 ISBN 978-3-926972-76-7
2 CDs € 26,00 ISBN 978-3-926972-96-5

Yan Yin:
Chinesisch – Sprachpraxis für Fortgeschrittene.
Ein Lehrbuch mit interkulturellen Themen.
2006, XII + 240 S., € 16,00 ISBN 978-3-936496-06-2
Übersetzungen und Schlüssel zu den Übungen.
2006, II + 40 S., € 5,00 ISBN 978-3-936496-07-9
2 CDs € 26,00 ISBN 978-3-936496-08-6

Yan Yin-Intemann:
Chinesisch – Sprachpraxis für Geschäftsleute.
2003, X + 275 S., € 19,00 ISBN 978-3-926972-92-7
2 Tonkassetten € 26,00 ISBN 978-3-926972-94-1
2 CDs € 26,00 ISBN 978-3-926972-93-4

Gerne senden wir Ihnen weitere Informationen zu den aufgeführten Buchtiteln sowie zu unseren Lehrwerken für die romanischen Sprachen zu.

Zu bestellen in Ihrer Buchhandlung oder direkt bei:

gottfried egert verlag
Postfach 1180
D-69259 Wilhelmsfeld
Telefax 0 62 20 / 67 01
e-mail: egertverlag@t-online.de
www.egertverlag.de